SSTを
ユニバーサル
デザイン化

子ども・クラスが変わる！
ソーシャルスキル
ポスター

アドバンス

小貫　悟［監修］

イトケン太ロウ［著］

東洋館出版社

監修者からのメッセージ

　昨年（令和4年）の12月に、通常学級での特別支援教育に関する文部科学省の10年に
たった一回だけある大規模調査の結果が公表されました。

　それによると、通常学級での発達障害の可能性のある子の推定値は6.5％から、8.8％に大
きく引き上げられました。小学校だけをみると10.4％です。つまり10人に一人はそうした
困難のある子であるとのことです。

　いかがでしょうか？　皆さんの実感と一致するでしょうか？

　こうした数値の伸びの理由について、報告書内では「これまで見過ごしてきた困難のある
子」に光があたるようになったからとしています。

　では、我々は、子どもたちの何を「見過ごしてきた」のでしょう。

　こうした子どもは「困難を抱えている」と言われます。

　しかし、よく目を凝らすと困難は、彼らの周りにあるのです。彼らの中に困難があるのでは
なく、彼らの外にあるのです。

　イトケン先生は、そのことに気づきます。それを「見過ごし」ませんでした。

　ソーシャルスキルポスター（SSP）の第一作を出した後、いったん、彼らの周囲にいる
「ソーシャルスキルモンスター（SSM）」探しの旅に出ます。教室にはたくさんのモンスター
が存在していたのです。それを片っ端から見つけ出し、その性質や生い立ちまでを徹底調査
し、子どもたちに分かりやすい標本図鑑のような本を完成させます。

　「君たちが悪いんじゃないんだよ。みんなモンスターのしわざだったんだよ」と。

　でも、イトケン先生は周囲の「モンスターを近づけない方法」があることを伝えることも忘
れませんでした。そう、自分自身でも、たくさんの「スキル」を手に入れてほしいと。

　大人たちはたくさんのソーシャルスキルを知っています。でも、子どもに上手に伝える言葉
を持っていないのです。その結果、お説教をして終わります。そして、何も変化が起きません。

　子どもには子どもに伝わるコトバを使って、伝えなければなりません。

　子どもの発達レベルにぴったりの伝え方をしなければなりません。

　心に響く見せ方をしなければなりません。

　今回、そうした必要な要素を全部盛り込んだSSPベーシック編とSSPアドバンス編の2冊
が揃い、SSPがここに完成したことを、子どもの支援に関わる者として、そして、イトケン
先生の長い旅の第一歩を見てきた者として、喜びたいと思います。

　イトケン先生、お疲れ様。

　これからは、送り出したアイテムたちが、きっと大活躍することでしょう。

明星大学教授　小貫悟

まえがき

　前著「子ども・クラスが変わる！ソーシャルスキルポスター」（以下、SSP）の続編を、2冊同時に刊行することになりました。今回の2冊は、前著をベースにしつつ、それぞれに意味と役割をもたせるように意識してまとめました。

　前著では「ホップ、ステップ、ジャンプ」と3ステップでアイテムが進化するとして「低学年用」「中学年用」「高学年用」という分け方をしました。そして、その中でも最も汎用性が高い中学年用アイテムを書籍に収録ました。その大きなくくりは踏襲しつつ、新たに「ベーシック」「スタンダード」「アドバンス」という表現にしました。既刊のSSPは「スタンダード編」ということになります。

　SSP開発時、子供たちの発達と実態を考慮しながら、到達目標を学年相応で設定していきました。運用において縛りを設けることはなく、低学年であっても高学年用アイテムに挑戦してもよし。逆に高学年であっても低学年用アイテムにじっくり向き合うもよし、としていました。ただ、実践を重ねるにつれ、「低学年用」と称されるものと向き合う高学年の子供たちの気持ちはいかがなものかと思うことがありました。また、個別対応をする場合は、個々の実態に合わせて目標設定をすることが主となるので、学年での目標区分が馴染まないと感じることもありました。

　こうした経緯で、区分を「ベーシック」「スタンダード」「アドバンス」とすることとし、刊行される2冊は「ベーシック編」と「アドバンス編」という位置付けです。

　「ベーシック編」は、ソーシャルスキルトレーニング（以下、SST）の入り口で、基本的な生活習慣、生活目標、学習規律を想定したものが多く含まれます。おまじない的なものがいくつかあるのはご愛敬。理論編では、SSTや般化、アンガーマネジメントについて触れながら、新たな解説や意味付けを加えました。SSPのような支援が浸透しやすい段階で、なるべく多くのことを吸収させたいという意図があります。

　「アドバンス編」は、成長に伴い「建前だけではなかなか好転していかないだろう」という子供たちの像を思い浮かべながら構成しました。アイテムによっては、大人でも難しい設定にしてあるものもあります。「大人だって、なかなかできないこと」として敢えて迫ることで、子供たちの心理的な負荷を軽くしたいのと同時に、運用意欲をかき立てたいというねらいもあります。理論編では、SSPのねらいの肝である自己肯定感、そしてマインドフルネス、レジリエンスと、子供たちが大人になってからも役立つ考え方について触れました。

　3冊が揃い105アイテムが揃うことで、SSPはコンプリートです。さらに、ソーシャルスキルモンスター（以下、SSM）85体を加えると、「『問題行動』と『解決策』を見える化」した190個のSSTの支援ツールとなります。しかし、SSPおよびSSMの究極の目標は、「脱SSP」であり「脱SSM」です。子供たちが自らの課題を顕在化させ、自分で解決策を導き出し、そして対処できるようになっていくことを目指していきます。大人の手を借りずとも、自分の力でたくましく成長していく子供たちの後押しをしていきます。

　明星大学の小貫悟先生をはじめ、実践に関わってくださった全ての方々のお陰で、数多くある特別支援教育の支援法の一つとしてSSPおよびSSMをまとめることができたこと、心より感謝申し上げます。

2023年1月　　　著者　イトケン太ロウ

目次

子ども・クラスが変わる！
ソーシャルスキルポスター アドバンス

実践編

理論編

ポスター編

ソーシャルスキルポスターってどうやって使うの？

Answer

ソーシャルスキルポスターの使い方は…

ポスターの提示

↓

読み聞かせ

ソーシャルスキルポスター（SSP）の使い方はとてもシンプルです。

・SSP を提示する
・効果や性能、使い方を読み聞かせる

　たったこれだけです。超簡単なので、明日から使うことができます。
　場面や状況に応じて、より細かな設定をしたり支援を手厚くしたりすることはありますが、基本的にはこの手順です。全体指導場面や個別指導場面、通常学級と特別支援教室との連携場面など、様々なシチュエーションで試してみてください。

詳しくは…

p.12 へ

Answer

ソーシャルスキルポスターとは…

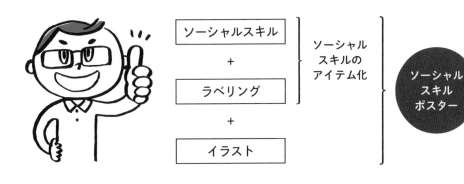

　ソーシャルスキルポスターとは、「状況に適したソーシャルスキルに、覚えやすい名前を付けてアイテム化し（ラベリング）、さらにイラストを付けて、その行動や思考を喚起するためのサイン」です。

　『子ども・クラスが変わる！ソーシャルスキルポスター』（2019）の刊行以来、すでに、学校、家庭、放課後等デイサービス、スポーツ教室など、様々な場所で SSP は活用されています。手軽な割に、一定程度その効果を確実に引き出せる支援法として、全国で認知されてきています。

詳しくは…

p.12 へ

Question

支援を要する状況はいろいろあるけど、
どこで使えるの？

Answer

SSP が使えるところは…

通常学級

通常学級の個別指導

全校

特別支援教室

通常学級と特別支援教室の連携

特別支援学級

特別支援学校

放課後等デイサービス

スポーツ教室

家庭

　SSP は、状況に応じた使い方をすることで、様々な指導場面で活用することができます。問題行動場面で活用できたときの即時評価や、問題行動への対処の仕方についての振り返りや次への対応策の考察など、SSP はあらゆる場面や状況での活用が想定されます。

　SSP は、子供の有する「ことば」と「イメージ」の力を使って、自分自身の状態を俯瞰して捉え直すための支援です。場面や状況を選ばず SSP を活用できるのは、子供たちがそうした力をもっているからなのです。

詳しくは…

p.15 へ

SSP を使うと、子供たちにどんな変容が
あるの？

Answer

SSP の活用で見られる変容は…

自己肯定感が下がりにくい
自分を客観視（メタ認知）できる
感情コントロールができる
トラブルを解決・回避できる
トラブルの予防策・解決策を考えられる
意思表示ができるなど

　SSP は、状況に適した行動や思考、あるいは解決方法にラベリング（アイテム化）し、さらにイラストを併記することで、「その場で何をすべきか」について子供たちに分かりやすく訴えかけます。そうすることで、子供たちは自身の心の状態や置かれている状況に気付き、その対処に向かっていきます。

　SSP の主たるねらいは、「子供たちの自己肯定感を下げずに、思考・行動の改善を促す」ことにあります。自分の状態を冷静に見極め、適した思考・行動のスキルを選択実行し、成功体験が積み上がっていけば、子供たちの自己肯定感は上がっていきます。

　『子ども・クラスが変わる！ソーシャルスキルポスター』（2019）の 35 アイテムをスタンダード（中学年用）として位置付け、今回、ベーシック編（低学年用）とアドバンス編（高学年用）、それぞれで 35 アイテムを収録しました。それにより、3 段階で連動したアイテムが 35 セット完備したことになります。105 個のアイテムを駆使して、様々な場面や状況、クラスや子供の実態に合わせて提示し、必要性に応じて、アレンジして活用してください。

詳しくは…

p.42 へ

効果がでないときはどうすればいいの？

Answer

効果がでないときは、ステージの設定と即時評価をしよう

ステージの設定
↓
ポスターの提示
（アイテムの説明）
↓
評価（即時・相互・自己）

　SSP を活用しても効果が見られないときは、「ステージの設定」と「即時評価」に意識してみましょう。

ステージの設定

　子供たちが目的意識を持ち、楽しんで取り組めるような「ステージ」を設定しましょう。子供たちにとってステージが魅力的であればあるほど、SSP の効果は確かなものとなります。

即時評価

　子供たちがポスターのアイテムを使い始めたらすかさず褒めましょう。そのときが即時評価をするタイミングです。アイテムを使えなかったとしても、使おうとした子供の気持ちや意欲も見逃さずに褒めましょう。

　子供同士の相互評価や子供自身の自己評価も、必要に応じて適宜、クラスの生活に組み込んでいきましょう。

詳しくは…

p.14 へ

さらに効果を引き出すには、どうすればいいの？

さらに効果を引き出したいときは、ソーシャルスキルモンスターと併用しよう…

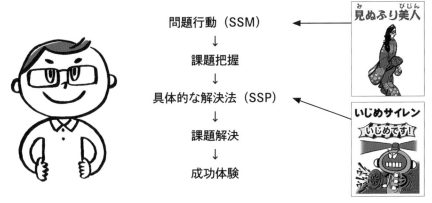

問題行動（SSM）　←　見ぬふり美人

↓

課題把握

↓

具体的な解決法（SSP）　←　いじめサイレン　いじめです！

↓

課題解決

↓

成功体験

　SSP を活用しても効果が見られないときは、「ソーシャルスキルモンスター（SSM）」を併用してみましょう。

　SSP が担う役割は、問題行動に対し、その対処法である具体的な思考および行動のレパートリーを示すことにあります。問題行動が起きていることを子供自身に気付かせること、あるいは、問題行動を起こしてしまう自分自身を客観視する役割は担っていません。自己肯定感を下げないようにするため、問題行動を当事者である子供たちから切り離し、冷静に客観的に捉え直す役割を担っているものが「ソーシャルスキルモンスター（SSM）」です。

　『子ども・クラスが変わる！ソーシャルスキルポスター』（2019）に掲載されている35 項目と、『子どもが思わず動きだす！ソーシャルスキルモンスター』（2021）の 35 種類は完全対応しています。今回のベーシック編とアドバンス編が揃うことで、35 種のモンスターに対し、105 アイテムで対応することが可能になります。従来よりももっときめ細やかな支援で、「SSM で課題把握し、SSP で課題解決すると成功体験が増え、結果的に子供たちの自己肯定感が高まっていく」という循環をつくっていきます。

詳しくは…

p.24 へ

実践編

ソーシャルスキルポスター（SSP）とは？

　SSP とは、「状況に適したソーシャルスキルに、覚えやすい名前を付けてアイテム化（ラベリング）し、さらにイラストを付けたもの」です。その状況において望ましい行動や思考を喚起するためのサインとなります。

　まずは、ポスターを提示して、子供たちに読み聞かせをしてみましょう。

　SSP は、その場面や状況に応じたソーシャルスキルを円滑に運用するためのプロンプト（手助け）です。子供たちは問題解決すべき場面に遭遇した時、持ち合わせているソーシャルスキルで対処しようとします。しかし、その解決が難しい場合、往々にして「問題行動」と呼ばれる手段でその状況を打開せざるを得なくなります。SSP は、子供たちが「問題行動」を起こさずにすむように、その場に応じた望ましい行動や思考を想起させ、直感的に具体化して示すことができます。また、事前に対応策を考える場面でもその効力を発揮します。

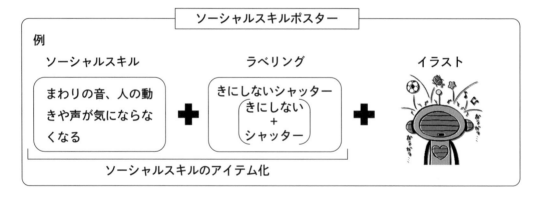

● SSP のねらい

・子供が自分の力で運用できるソーシャルスキルを一つでも増やす

・自分の特徴に気付かせ、子供の自己理解・自己受容を促す

・アイテムを適切に運用できたという成功体験を増やし、子供の自己肯定感を高める

　SSP のコンセプトは、「その状況でどのように振る舞えばいいのか分からない」「実行しようと思ってはいても、なかなかうまくできない」という子供の自己肯定感を下げないことです。そして、失敗経験を多く積み重ね自信を失っている子供に対し、「ことば（アイテム名）」と「イメージ（イラスト）」でヒントを示し、具体的な行動に踏み出す後押しすることにあります。

───── **SSP の特徴** ─────

● 心理学における「問題の外在化」の手法を用いる

　問題行動を外在化し子供から一旦切り離して捉えることで、子供の自己肯定感を下げないようにすることに重きを置いています。「問題を解決できない」のではなく、「解決のためのアイテム（SSP）を持っていないだけないんだよ」というメッセージをまずは子供に届けます。

　（詳しくは理論編（P38）へ）

● 3 ステップで進化する 35 アイテム

　「ホップ、ステップ、ジャンプ」という具合に、アイテムの行動目標が「ベーシック（低学年）→スタンダード（中学年）→アドバンス（高学年）」と 3 段階で進化していくように設定しています。35 個のアイテムが、それぞれ 3 段階でレベルアップし、合計 105 個のアイテムで、子供たちの幅広い実態に対応できるようになりました。低学年であってもレベルの高い目標にチャレンジさせ、実態をどんどん引き上げていくことができます。逆に、高学年であってもゆっくりじっくり、その子供のペースに合わせて成功体験を積み上げていくこともできます。

ベーシックアイテム（低学年）「だれでもあいさつ」	友達や先生などだれにでもあいさつをすることができる

↓ ↑

スタンダードアイテム（中学年）「はやおしあいさつ」	相手より先にあいさつをすることができる

↓ ↑

アドバンスアイテム（高学年）「セレクトあいさつ」	相手や状況に合わせたあいさつをすることができる

● ソーシャルスキルモンスター（SSM）に対応

　『ソーシャルスキルポスター』で提示されている 35 場面に完全対応する形でモンスター 35 種類が設定されています。SSM で課題把握し、SSP でその対応の戦略を明らかにすることで、大きな効果を引き出します。

アイテム（SSP）	項目	ねらい	SS モンスター
だれでもあいさつ はやおしあいさつ セレクトあいさつ	あいさつ	気持ちの良いあいさつができる	知らんプリン
つくえクリーナー せいリゴコロ 美化ピカファインダー	整理整頓	身の回りの整理整頓をする	ヤリッパ

SSP の鍵「ステージの設定」

　SSP の効果を最大限に引き出すには、子供たちにとって魅力的な「ステージの設定」ができるかどうかが鍵となります。「面白そう！」「やってみたい！」と子供たちを前のめりにさせる「ステージの設定」をしてみてください。

「ステージの設定」で大切なこと

・子供が学習（活動）の目的を理解し、必要性や取り組む価値を感じている

・ステージやアイテムの設定が子供たちの発達段階に即している

・遊び感覚で取り組むことができる

　この中でも特に大切なのは「遊び感覚で取り組むことができる」です。

　教員や保護者の中には、"ゲーム感覚"に抵抗をもつ方がいます。しかし、本来注目すべきなのは、子供が「学びたいと思うこと」、子供がトライ＆エラーを繰り返しながら「力を付けていくこと」です。単なる遊びで終わらせないためにも、あらかじめ支援者が明確なねらいと意図を設定し、それを達成できるように適切な課題を設定します。そこに"遊び"という隠し味を含ませることは、子供たちの成長を後押しすることになります。

　与えられた状況や時間の中で、子供たちにとって魅力的な「ステージの設定」をして、子供たちが楽しみながら変容していく姿を、ぜひ後押ししてください。

魅力的な「ステージの設定」例

ステージ名「ココロクエスト」

RPG 形式で、SSP をクリアしながらアイテムを増やしていくという設定。クリアした SSP を俯瞰できるように「ココロクエスト MAP」を掲示し、学習進度を把握しつつ「コンプリートしたい！」という子供たちの心をくすぐる。学習ということを忘れさせてしまうほどの世界観がたまらない。

ステージ名「ソーシャルカードバトル」

カードバトル形式で、アイテム役とモンスター側に分かれて、それぞれに対応するカードを出し合い対戦するという設定。プレイシートは先生のオリジナルのもの。カード同士のシミュレーションで、実生活に起きる問題行動と対処法の関係性を、まさに遊びながら学べる秀逸な実践事例。

SSP の使い方

「ステージの設定」の１例として、「目指せ！アイテムマスター！」の導入例とともに、オリジナルアイテムの作り方、個別対応や通常学級と特別支援教室との連携等、いくつかの活用例を写真を交えてご紹介します。これらはあくまでも例示であり、読者の方々やそこにいる子供たちが楽しんで取り組めるようアレンジしてください。

基本的な使い方

ステージの設定（ステージ名「目指せ！アイテムマスター！」）

①「『アイテムマスター』とは、自分のことを上手にコントロールし、友達とうまく関わっていくことができる人」と伝える。

②子供たちと一緒にアイテムマスターを目指すキャラクターとして、「ハイボーイ」「ハイガール」「ハイブー」「ハイブルーム」を紹介する。（次ページ参照）

③「キャラクターと力を合わせて『アイテムマスター』を目指そう！」と投げかける。

ポスターの提示（アイテムの説明）

①提示する SSP を１枚選び、裏面の解説文を読んでアイテムを紹介する。

②紹介されたアイテムをすでに使ったことがあるか、などを子供に聞きながら、アイテムと子供たちの実生活をつなげる。

③ SSP を教室の壁に貼る。

評価

① SSP のアイテムを運用している子供を見かけたら、支援者が即時評価して褒める。

②帰りの会などで子供同士の相互評価する場を設定するなど、アイテムを運用している友達を見かけたら褒め合うようにする。

展開

・提示する SSP を週に１枚ずつ選び、上の流れを繰り返す。（P25 参考使用月を参照）

・SSP のアイテム名をアレンジして活用してもよい。

（導入例）「アイテムマスター」を目指す4つのキャラクター

めざせ！アイテムマスター！	
 ハイボーイ 未来の国からやってきた男の子。「はい！」といつも元気なあいさつができ、明るい性格。たまに友達とケンカをしたとき、おこりすぎて、後で落ちこむことがある。アイテムマスターになって、自分をコントロールし、友達をたくさん作りたいと思っている。	 ハイガール 未来の国からやってきた女の子。ハイボーイがひそかにあこがれている。アイテムを使うのが上手で、アイテムをアレンジできるようにもなってきた。ハイガールもアイテムマスターを目指している。友達のことが気になって、自分をうまく表現できないことがある。
 ハイブルーム 未来の国からやってきた森の精。ハイボーイの友達。表情ではあまり伝わらないが、とてもやさしい性格。ひなたぼっこが好き。人見知りで、自分から友達にかかわっていくのが苦手。ハイボーイにさそわれ、アイテムマスターを目指してみようかと思っている。	 ハイブー 未来の国からやってきた動物。ハイボーイの友達。ハイボーイやハイブルームと遊ぶのが大好き。気が短く、ちょっとおこりっぽい所がある。あまり文句を言わないように気を付けている。アイテムを上手に使えている友達を見て、うらやましいと思っている。

発展的な使い方

ステージの設定

クラスの実態に合わせ、支援者の創意工夫を生かしたオリジナルの設定をする。

[設定例]

・「目指せ！　自分の進化形インナーワールド編」（インナーサイドキャラクターの設定）

・「クラススマホにソーシャルアプリをインストールしよう！」

・「ぼくらの夢を叶える秘密道具を創り出そう！」

・「免許皆伝！ソーシャル忍者への道」　・「新作　粋な大人の江戸仕草作り」

ポスターの提示（アイテムの説明）

①提示する SSP を 1 枚選び、裏面の解説文を読んでアイテムを紹介する。

②紹介されたアイテムを参考に、クラスを良くするためのソーシャルスキルを出し合う。

③出されたスキルにクラスで名前を付けてオリジナルのアイテムを作る。

④オリジナルアイテムのポスターを作り、教室の壁に貼る。

個別対応での使い方

ステージの設定

　支援の対象となる子供と支援者で相談して、その子供が意欲的に取り組めそうな設定をする。（その子供が特に興味のあることを題材にして、活動の意欲を引き出す）

[設定例]

・「最強の鉄道マンになるために！」

・「みんなに愛されるパティシエへの道」

ポスターの提示（アイテムの説明）

①対象となる子供に、「進化するためにどんなことができるようになりたいか」「どんなことをしない方がよいと思うか」意見を聞く。

②出されたスキルにその子供と相談しながら名前を付けて、個別アイテムを作る。（SSP をそのまま活用できる場合は、それをターゲットスキルにする）

③必要に応じて、SSP を縮小印刷して個別アイテムのカードを作り、子供に持たせる。

評価

・セルフチェック表などを用意し子供に自己評価する場を設定し、アイテムを運用できているかどうかを自分で確認できるようにする。

通常学級と特別支援教室との連携

事前打ち合わせ

【通常学級・特別支援教室】

①通常学級での子供の課題を受け、特別支援教室での支援の長期目標を確認する。

②中期目標あるいは短期目標として、支援のターゲットスキルを選定する。

③特別支援教室でステージの設定やSSPの提示を行い、その運用を特別支援教室、通常学級の双方で促し評価していくことを確認する。

ステージの設定

【特別支援教室】

［設定例］

・「人気ゲームのクリエイターを目指して！」

・「コミュニケーションマスター！五つ星ホテルのコンシェルジュ」

ポスターの提示（アイテムの説明）

【特別支援教室】

①特別支援教室担当が対象となる子供に、「進化するためにどんなことができるようになりたいか」「どんなことをしない方がよいと思うか」意見を聞く。

②子供の意見を聞きつつ、通常学級担任と決めたターゲットスキルに子供の気持ちを寄せていき、子供自身に解決すべき課題として自覚させる。

③ターゲットスキルに子供と相談しながら名前を付けて、個別アイテムを作る。（SSPをそのまま活用できる場合は、それをターゲットスキルにする）

③必要に応じて個別アイテムのカードなどを作り、子供に持たせる。

④必要に応じて子供にセルフチェック表を渡す。

⑤支援者は、評価シートを共有する。

評価

【通常学級・特別支援教室】

①特別支援教室担当が、通常学級担任と共有できる評価シートを作成する。

②学級担任と特別支援教室担当が、対象となる子供がそれぞれの指導場面でアイテムを運用していたら即時評価して褒め、共有している評価シートに記録する。

③セルフチェック表などを用意して子供に自己評価する場を設定し、アイテムを運用できているかどうかを自分で確認できるようにする。

④評価シート、セルフチェック表を見ながら振り返りをして、特別支援教室担当が子供にアイテム運用についてのアドバイスをする。

⑤特別支援教室担当がアドバイスしたことを、通常学級の担任に伝える。

こんな風に使えます！
SSP の活用アイデア

「学年や実態に応じた生活目標」（全校朝会）

生活指導の看護当番として、生活目標を子供に伝える際に、目標達成の手立てとして SSP を示す。例えば「身の回りを整理整頓し，気持ちの良い学校にしよう」という目標を達成するために，「つくえクリーナー」「整理ゴコロ」「美化ピカファインダー」の 3 種類のポスターを提示し、紹介する。

同じ生活目標でも、SSP を活用すると、学年や子供の実態に応じた課題達成のための手立てを示すことができる。高学年の子供が、「美化ピカファインダーを使って、普段は気にしていなかったところも片付けることができた」と発言するようになる。

子供が自分に合わせて、取り組みたい手立てを選択し、取り組めるという点においても SSP は有効である。

「『はやおしあいさつ』で朝から元気！」（通常学級　5 年生）

クラスの様子を見て「あいさつに元気がない」「自分から進んであいさつできる子供が少ない」と感じたら、「『はやおしあいさつ』を使えるようになろう」と声をかけ、SSP を掲示する。翌日の朝登校してきた子供と教室であ

いさつをしながら、先にあいさつできた方を勝ちとして勝敗を数える。朝の会で「今朝は、〇勝◇敗でした」と伝えると「え、数えてたんですか？」「明日は勝ちます！」ととたんに子供はやる気になる。「おはようございます！よし、勝った！」「先生、今日は何勝何敗でしたか？」と子供は笑顔で登校するようになり、朝の会での報告を楽しみにするようにもなる。

毎朝、ゲーム感覚で楽しみながら『はやおしあいさつ』に取り組む中で、自分から進んであいさつできる子供が増えるとともに、だんだんとあいさつの声が大きくなりクラスも活気付いていく。あいさつが習慣化したら、次の目標として『セレクトあいさつ』を示すと、相手と状況に合わせたあいさつができるようになろうと、子供たちの意識も高まっていく。

③ 「オリジナルSSPで高学年もクリア！」（通常学級　5年生）

　4年生の時にSSPの学習が充実すると、進級しても子供たちは様々な場面でアイテム（SSP）を活用する。「高学年として仲間を大切にする姿を魅せよう」を目標に取り組んだ運動会練習では、「練習時間を守る」「勝敗に

時間を守るンバ　　れいせインコ　　前向キット

こだわらない」「友達の動きを感じる」に対し、「時間を守るンバ」「れいせインコ」「前向キット」などクラス全員で作ったオリジナルSSPで目標を達成する。

　「学校生活をより良くして、楽しもう！」と呼びかけると、子供主体の「アイテム係」が立ち上がる。学校生活の課題をSSPでクリアしていくことになり「月曜日に係を中心にアイテムを選ぶ」「そのアイテムを使って週の課題をクリアする」「金曜日にクラス全体のふりかえりをする」という流れで進める。週毎の課題をオリジナルSSPでクリアしていくと、できないことを注意し合うのではなく「クリアまでもう少しがんばろう！」など前向きな声をかけ合い子供同士のより良い関わりが生まれる。

④ 「進化の順番を考えよう」（特別支援教室）

だれでもあいさつ　　はやおしあいさつ　　セレクトあいさつ

どんな順番で成長していくかな？

　SSPには低・中・高学年向けのアイテムとして系統立った設定があるが、個別にアイテムの難易度や進化の順番について考えさせると、その子供にとっての難しさを段階的に設定するようになる。「だれでもあいさつ」「はやおしあいさつ」「セレクトあいさつ」の場合、その子供は「ぼくには『誰でもあいさつ』が最終進化形だと思います」と答える。理由を聞くと「僕は緊張しやすいから、誰にでもあいさつをすることが一番難しいです。誰にでもあいさつができるようになって、不安や緊張がなくなったら自分からあいさつもできそうだし、場面に応じた言葉も選べると思います」と答える。質量共に子供との対話が確保できる個別指導においては、基本設定に沿って指導するだけに終わらない。一緒に難易度や進化の順番を考えていくことで自己理解を深めたり、より具体的にソーシャルスキルの目標設定をしたりすることができる。

⑤ 「心理的な抵抗を軽減するプレイシートでのカードゲーム」（特別支援教室）

高学年になると、人前で自分と向き合うことへの抵抗感や気恥ずかしさなどから、SSPやSSMを使用したSSTに以前ほど素直に取り組まなくなってくることがある。もちろん、特別支援教室担当教員との信頼関係の中で、自己の開示ができるまで成長している子供もいるが、「俺はSSP、もういいや」「そんなことわかってる」などと大人ぶりたい心理も尊重したいところである。

そんな高学年の子供でも興味をもって取り組みやすいのが、プレイシート（既刊「子供が思わず動き出す！ソーシャルスキルモンスター」に付録のデータあり）を使ってのカードゲームである。

まず、取り組みやすい要素として「あくまでゲームであり自分事ではない」という建前上の心理的な安心が得られることが大きい。教員と子供でSSP役、SSM役に分かれゲームを始めると、場に置かれたSSMに対して、「このSSPが有効でしょ！」「いや、意外とこっちじゃない？」と、いつの間にか真面目に考えはじめ、楽しめるようになってくる。お互いが納得できるSSPが出たら、SSM攻略となる。

ゲームの途中で教員から、「このモンスター、○○さんっぽくない？」と問うと、「バレたか」「まあ、俺は『イライラエコロジー』使えるけどね！」など自然な会話の中で自己理解につながる話ができる場面が増えてくる。抵抗がなくなれば高学年ならではの新アイデアを考えることもある。「オレ龍（俺流）」「悪化虫（ゲームの途中で言葉遣いが悪化する）」など、教員が「なるほど、高学年のコミュニティではこんなことが起こっているのか」と気付かされる。

⑥ 「こころメーター」（特別支援学級）

教員は，スタンプ化した SSP を子供のタブレットに配信する。子供は，自分の気持ちの状態を理解しコントロールするために，自分が使いたい SSP を選ぶ。一日の終わりに振り返りを行い，「こころメーター」の自分に近い場所に SSP のスタンプを押し，理由を記入して教員に送信する。教員は子供の気持ちを即時評価しフィードバックすることができる。

　「こころメーター」を活用することで，子供は自分の気持ちを可視化することができる。継続的に取り組むことで以前の自分の気持ちとの変化に気付くことができる。「こころメーター」の良い状態が継続できていれば，選んだ SSP が有効であり，子供は活用することでプラスの行動を強化することができる。メーターに変化がない場合や，マイナスな状態が続いている場合でも，子供にあった SSP を一緒に選んだりよりよい方法を考えたりする機会になる。子供は次第に心の状態を把握し、自信がもてるようになっていく。

⑦ 「『心コントロールアイテム』を確認しよう」（特別支援学級）

　教室に SSP をカードサイズにして「心のコントロールアイテム」として常時掲示すると、子供によって様々な意味付けや活用を始める。難易度が高い学習と向き合うとネガティブな感情になる A 児は、教員に励まされると自らアイテムを見て「僕は『うちあけトライ』と『アイドリングモチベーション』を使って心のコントロールができるから大丈夫だ」と自分に言い聞かせ、改めて学習に取り組もうとする。

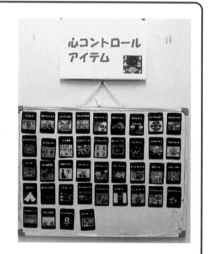

　自己中心的に行動している B 児を見て、C 児は「B くんは、まだアイテムをもっていないから我慢ができないんだね。僕はアイテムをもっているから大丈夫だよ」と発言する。その言葉を耳にした B 児は、思春期を迎え他者と比較して自信をなくしていたが、「自分はできないのではなくて、アイテムをもっていないからうまくいかないのか…」と我に返る。自分を否定せずに B 児は、気持ちを切り替えて自らの課題に取り組んでいく。

⑧ 「SSP で「ニガテ」に対処！」（特別支援学級　中学校【情緒固定】）

SSM とそれに対する対処スキル（SSP）を自立活動の時間にクラス全体で共有する。授業では SSM を「ニガテ」と称し、「どんな場面で登場するか」「どういう対処スキルが効果的か」を話し合わせる。授業で学んだ SSM と SSP の内容を踏まえ、それ以降は週の始めの学活でその週に登場しそうな SSM をみんなで

予想し、対応する SSP を確認しながらクラス全体で使える SSP を増やしていく。（例：定期考査があるので「謎蛸」が出現しそうだから、「たのしミッケ」を使って対処しようなど）このように生徒たちに分かりやすい学習の流れを組むと、年間を通して SSM および SSP の効果を継続することができる。自分でうまく SSP が見つけられなかったり実践できなかったりする生徒がいた場合でも、他の生徒が SSP を活用している場面を教員が捉えてクラス全体に共有することで SSP の活用法を理解して実践できるようになっていく。使えるようになった SSP を廊下に掲示しその数を増やしていくと、生徒たちの意欲もさらに高まっていく。

⑨ 「イライラをスモールステップでレベルダウン」（プレイセラピー）

板書の不得手さから学習意欲が湧かず欠席傾向のある子供に、プレイセラピーと学習支援を組み合わせた支援をする。その流れで「きりかえスイッチ」などの SSP を取り上げる。

遊びの中でボールを投げたりパッドを振り回したりしてウォーミングアップをしつつ、「いやダイヤのいやリング」などプリントアウトした SSM の名称をランダムに読み上げ、クイズ形式で SSM の特徴を答えさせる。家族や学校生活へのストレスなどで暴言を繰り返していても、次第に「ランボール」などの SSM の説明へ耳を傾けるようになり、発散行動を適正なものへと切り替えていく。次に、ホワイトボードに SSM の名前を書き写させる。「どちらの未来を選ぶ？」の問いに対し、自分の考えと先生の考えは違うということを理解するようなる。イラスト・言葉・感情をつなげるような関わりをすると「つくえだいこ」「はいはいボーイ」などの SSM になりきってダンスをするなど、SSM の世界に入り込んでいく。

ソーシャルスキルポスター・モンスター対応表

No	分類	項目	ねらい	モンスター
1	生活習慣	あいさつ	気持ちの良いあいさつができる	知らんプリン
2		整理整頓	身の回りの整理整頓をする	ヤリッパ
3		食事	マナーよく給食を食べる	まぁまぁレード
4	集団行動	切り替え	行動を切り替え、次の行動に備える	湯っ栗
5		自制心	私語を慎み、その場に応じて適切に発言する	即伝
6		状況把握	場の空気を読む	よまず
7		自制心	ふざけている友達につられない	ワンダーマン
8	友達関係	友達作り	友達を増やす	少友
9		他者理解	友達の良いところを探す	ナイナイ
10		思いやり	元気のない友達を励ます	シラクマ
11		仲裁	けんかした友達の仲をとりもつ	ミゾーン
12		思いやり	励ます対象を広げる	ドミノストッパー
13		緊急対応	いじめを見た時、適切に対処する	見ぬふり美人
14		緊急対応	いじめられていると感じた時に対処する	モヤモヤン
15	相手とのかかわり	思いやり	相手のことを考え行動する	柚子蘭
16		感謝	相手に感謝の気持ちを伝える	ブレイメンズ
17		素直	好きな相手に対し適切に行動する	はずかC
18		問題解決	トラブルを話し合いで解決する	茶化スタネット
19		他者理解	相手の心情を察する	邪魔婆
20		自制心	不快な気持ちを抑えて相手に伝える	蟻のママ
21		寛容	相手を許す	許匙
22		自制心	相手を攻撃したくなった時に自分を抑える	ミスターオイリー
23	自分の心	集中	周りのことを気にせず、やるべきことに集中する	騒象
24		発揮	緊張する場面で力を発揮する	ゴールデンバード
25		やる気	学習や活動に取り組む際に、心の準備をする	樽"ッ
26		自制心	勝ち負けにこだわらない	くやC
27		自制心	自分の非を認める	ヒトの精
28		やる気	気が進まない課題に対し、前向きに取り組む	謎蛸
29		自制心	怒りの感情を制御する	煽り屋
30		自制心	イライラした気持ちを対処する	おこりんご
31		耐性	自分の悲しい気持ちに向き合う	かなC
32		気持ちの整理	嫌なことを処理する	バックアッパーズ
33		防御	嫌なことを言われた時に気持ちの処理をする	アンコウントロール
34		自己肯定感	自分の良さに気付く	下暗し
35	新しい対処法	対処法の創造	自分用のSSを考える	おんぶだっこ

No	ベーシック	スタンダード	アドバンス	参考使用月
1	だれでもあいさつ	はやおしあいさつ	セレクトあいさつ	4
2	つくえクリーナー	せいリゴコロ	美化ピカファインダー	5
3	いろたべ	おとタデズ	三つ星マナー	4
4	きりかえスイッチ	きりかえフラッシュ	さきよみチェンジ	4
5	くちブタ	こころトーク	TPOトーク	6
6	ワイワイクラッカー	おとなシーン	空気リーダー	12
7	ふざツラレ	つられちゃったハンド	けじマジ	10
8	あそんだかぞえ	なまえメモリー	ともだちフォルダ	4
9	いいとこかくれんぼ	いいとこ神経衰弱	いいとこダーツ	11
10	だいじょうぶジョーロ	はげましタッチ	こころチア	7
11	ドッチモともだち	ともだちボンド	ともだちセーバー	12
12	はげましがえし	はげましバトン	はげま震源地	11
13	いじめジャッジ	いじめサイレン	レスキューボタン	5
14	ピンチ S.O.S	あちこちヘルプサイン	ヘルプウェブ	5
15	あいこゆずり	ゆずリゴコロ	ともだちファースト	9
16	「た」までズワリ	めづたえ	ココロモおじぎ	5
17	すきだけどリバース	すなおアクション	さりげなシンセツ	2
18	せんせいジョイント	ともだちジョイント	だちだけカイケツ	7
19	えがおカウンター	マグマレーダー	こころセンサー	12
20	かもトーク	とげぬきリハーサル	たんたんトーク	11
21	ごめんねイイヨ	ゆるさないチョコ	ゆるしの残高	6
22	いいすぎブレーキ	ぼうげんブレーキ	グサグサことばブレーキ	7
23	みみたブロック	きにしないシャッター	集中シェルター	10
24	ドキドキチャレンジ	ドキドキアクセル	ダシキレヤリキレ	11
25	やるきのネジマキ	やらねばエンジン	アイドリングモチベーション	9
26	オコラズナカズ	かちまけファンファン	しょうブンセキ	9
27	はんせいヤジルシ	いいわけブレーキ	正直ザムライ	6
28	とりあえずガンバ	たのしミッケ	なんのためさがし	1
29	いかりのフタ	いかりメーター	怒うかせんのばし	1
30	イライラエスケープ	イラけし	イライラエコロジー	10
31	クヨクヨドライヤー	かなしみタンク	ものごとリフレーム	2
32	やなことリセット	やなことシュレッダー	うちあけトライ	2
33	はねかえしミラー	チクチクスルー	グサグサエアバッグ	2
34	じぶんメダル	長短サーチ	メデメ変換	3
35	がったいアイテム	アイテムアレンジャー	アイテムメーカー	3

活用の前に（誰のためのアイテムか？）

　SSP を活用する上で確認しておきたいことがあります。それは、この支援で獲得できるアイテムは、子供のためのアイテムであるということです。

SSP のねらい

・上手に運用できるソーシャルスキルを増やすこと

・自分の気持ちの状態が分かり、自分自身をコントロールできるようになること

・できることを増やし、自分に自信を持つこと

・自分の特徴が分かり、自己肯定感を高めていくこと

・友達の状態が分かり、円滑に人間関係を築いていくこと

　自己受容が進みセルフコントロール力が高まった子供たちが学級の中に増えれば、指導や支援がしやすい学級へと変容していきます。それが、SSP が望む姿です。言い換えると、SSP は支援者が集団をまとめるためのアイテムではないということです。

　例えば、言い訳をしない方がよい場面において、「こういう時は言い訳をしてはいけません。『いいわけブレーキ』を使いなさい」とアイテムの運用を強要したとします。そうすると、子供の表面上の行動は変わるかもしれませんが、子供の内面は行動と乖離していくことになります。

　そうではなく、「ここでは言い訳をしない方がいいんだな。言い訳しないで説明できるかな？いや、ぼくは進化していきたいから、ここで『いいわけブレーキ』を使ってみよう！」と子供自身の意思が運用の起点となり、成長したいという自らの願望が運用の原動力となって行動できてはじめて、この支援法が目指す効果が生まれると考えています。

　SSP で獲得したアイテムによって、子供たちが生きやすくなり、生きやすくなった子供たちが増えることで支援者の方々の思いや願いが子供たちに届いていく、という循環を作ってほしいと思います。

理論編

ソーシャルスキルのアイテム化とは？

　ソーシャルスキルという言葉は、学校教育においてすでに身近なものとなっています。「言葉遣いや表情や身振り手振り、気持ちのコントロールの仕方など、人間関係に関わる様々な技術の総称」「社会生活や人間関係を営むために必要とされる技能」など、様々な定義や表現がなされています。

　「クラスで行うユニバーサル・アクティビティ」（小貫悟　編著）では、ソーシャルスキルを「人の社会性を作っている一つ一つの具体的な行動の基になっているもの」としています。ソーシャルスキルトレーニング（以下、SST）については、ソーシャルスキルを育てる方法論であり、「ソーシャルスキルを使って、うまくいった体験を積む場をつくること」としています。

　「ソーシャルスキルのアイテム化」とは、筆者が開発したSSTの一形態であり、端的に言うと「状況に適したソーシャルスキルに、覚えやすい名前を付けてアイテム化する」ことです。

ソーシャルスキル例		アイテム
友達や先生などだれにでもあいさつをすることができる	⇒	だれでもあいさつ
相手より先にあいさつをすることができる	⇒	はやおしあいさつ
相手や状況に合わせたあいさつをすることができる	⇒	セレクトあいさつ

　たったこれだけのことですが、ソーシャルスキルがアイテム化されたとたん、子供たちにとっては扱いやすいツールへと変貌します。そして、SSTとしての効果を発揮し始めます。SSPを提示するだけで、興味をもった子供は自らそのアイテムを使い始めます。クラス全体で取り組めば互いの声掛けや相互評価でアイテムを用いるようにもなり、さらに、その運用は拡散していきます。

　一般的にソーシャルスキルは、「○○の時は、△△して◇◇する」のように場面・条件・実行内容が示されることが多いです。この情報を、子供たちは目の前の場面に当てはめ、瞬時に条件の微調整を行い、実行内容を想起し、最終的に行動へと移していくという作業を強いられることになります。

　しかし、アイテム化、つまり印象に残る言葉でラベリングすると、膨大な情報量を含むソーシャルスキルがワンワードで集約され、一瞬で処理できるものに変換されます。

　さらに、SSPにはイラストが併記されています。アイテム名が意味する場面と行動内容が、一コマ漫画のようなイラストで表現されているので、子供たちにとってよりイメージしやすいものになります。アイテムを具体的な行動へと直結させる速度は一気に加速します。

　子供たちが、嬉々としてアイテムを使い始める理由は、このようなSSPの構造にあると考えています。

── 【実践】ソーシャルスキルのアイテム化「目指せ！　自分の進化形」──

「目指せ！　自分の進化形」は、子供たちのセルフコントロール力や自己肯定感を高めることをねらいとする、年間を通したSSTです。

「目指せ！　自分の進化形」の流れ

①自分のなりたいイメージ（進化形）の絵を描き、名前を付ける

②意見を出し合い、パワーアップアイテムを作る（ソーシャルスキルのアイテム化）

③自分の良いところ、良くないところを振り返る（自分がうまく使えるアイテムと使えないアイテムを考える）

④自分の進化形をクラスで紹介し合う

⑤日々の生活の中で、お互いの良いところを相互評価する（生活の中でパワーアップアイテムを運用していたら褒め合う）

⑥学期末に振り返りをする

このプロセスを各学期繰り返します。子供たちはアニメやゲームが好きですから、「自分自身を主人公に見立て進化していく」という設定にしています。子供たちが意欲的に取り組むステージを用意し、その中で自ら進化していきたいという気持ちになるようにします。

子供たちが進化を実感できるように「クラスのみんなで作ったパワーアップアイテムを、一つ一つ使えるようになれば、自分は進化している」という設定にすることがポイントです。

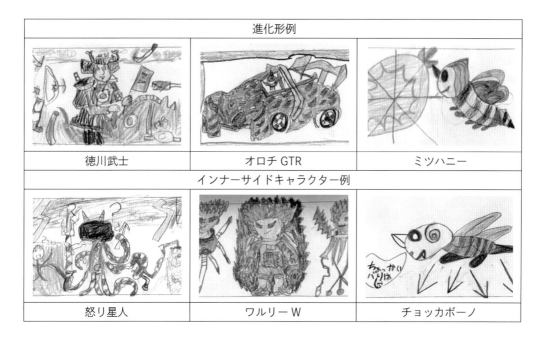

進化形例		
徳川武士	オロチGTR	ミツハニー
インナーサイドキャラクター例		
怒り星人	ワルリーW	チョッカボーノ

　自分が進化するには、クラスで意見を出し合って作った「パワーアップアイテム」を使えるようになる必要があります。

パワーアップアイテムの作り方

①クラスを良くするためにどんなことをすればいいか、しない方がいいか、意見を出す

②覚えやすい名前のアイデアを出し合う

③多数決で名前を付ける（ラベリング）

　自分たちが進化するために必要なソーシャルスキルを出し合い、自分たちが覚え、使いやすくなるようなラベリングをして、アイテム化します。このプロセスが「ソーシャルスキルのアイテム化」です。

● 例えば…

①クラスの意見を出す：「先生が話を始めたら、作業を止めて先生の話を聞いた方がよい」

②名前のアイデアを出す：「すぐヤメ」「きりかえスイッチ」「トークストップ」など

③多数決で「きりかえスイッチ」に決定

● 例えば…

①クラスの意見を出す：「良くないことをした時は、言い訳をしない方がよい」

②名前のアイデアを出す：「ダメいいわけ」「いいわけブレーキ」「しょうじきトーク」など

③多数決で「いいわけブレーキ」に決定

　クラスの実態に合ったソーシャルスキルは、子供たちの手でアイテム化されることでクラスの共通言語になります。それは子供たちの行動指針となり、運用の意欲を高めるものとなります。やがてはクラスの文化となって、子供たちの進化を支える足場となるのです。

アイテム化

言い訳をしないようにしよう

「いいわけブレーキ」を使おう！

インナーサイドキャラクターを設定しよう

　自分が進化するためにアイテムを運用することで、子供たちはその場に適した行動ができるようになります。うまく使えるアイテムもあれば使いこなせないアイテムもあることが分かり、自己理解も進むでしょう。

　子供たちがさらに自分自身と向き合えるようにするため、ここに「インナーサイドキャラクターの設定」を加えます。

　なりたい自分のイメージ（進化形）の対立軸として、負の自分を操る「インナーサイドキャラクター（以下、インキャラ）」を新たに設定します。子供たちはアイテムを使いながら自分の中にある「進化形」と「インキャラ」の両者のパワーバランスを保とうとしていきます。

　その過程の中で、子供たちはセルフコントロール力を高め、さらには自己受容できるようになっていきます。

インナーサイドキャラクター設定の流れ
（④までは「目指せ！　自分の進化形」と同じ）

①自分の進化形の絵を描き、名前を付ける

②クラスで意見を出し、パワーアップアイテムを作る

③自分の良いところ、良くないところを振り返る

④クラスで紹介し合う

⑤インキャラの絵を描き、名前を付ける

⑥日々の生活の中で、お互いの良いところを相互評価する

　（生活の中でパワーアップアイテムを運用していたら褒め

　合う）

⑦インキャラと進化形と対峙させながら、アイテムを使って自分をコントロールする

⑧学期末に振り返りをする

　自分が「なりたい姿」と「好きになれない部分」とを視覚的に捉え、アイテム化されたソーシャルスキルを運用することで、子供たちは自分自身のことに気付いていきます。友達に認められ、自分自身で進化の実感が味わえると、子供たちは少しずつ自分を受け入れられるようになります。

　しかし、情緒的な課題のある子供にとって、負の自分と向き合うことはハードルが高いです。負の自分と向き合う前に、様々な場面に運用できるソーシャルスキルを十分に身に付け、自分自身を受け入れる構えや余裕を作ることから始めます。

　（※詳しくは『子どもが思わず動きだす！ソーシャルスキルモンスター』P37〜41へ）

自己肯定感を「下げない」から「高める」へ

　発達に課題のある子供たちは、様々な場面で失敗経験を繰り返すことで自信を失い、やがて自己肯定感を下げていきます。その結果、心に抱く負の感情が大きくなり、問題行動を起こしやすくなり負のスパイラルに陥っていきます。本支援法のねらいにも掲げている通り、SSPおよびSSMを活用することで、何とか子供たちの自己肯定感を下げずにすむようになってほしいです。本支援法でとにかく守りたいのは子供の「自己肯定感」です。下表Aのように、多くは求めず、少なくとも子供の自己肯定感を下げずに関わることができれば、まずは「可」としたいです。一方で、その考えを一歩進め、下表Bの手順を踏むことで、より積極的に子供の「自己肯定感」を高めていきたいとも考えます。

「自己肯定感」へのアプローチ例

A　自己肯定感を下げない	B　自己肯定感を高める
①問題（学習・生活・人間関係）に向き合う ②SSPおよびSSMを活用する ③問題解決ができる ↓ 自己肯定感を下げずにすむ	①「自己肯定感」を定義する ②定義に沿って目標を決める ③問題（学習・生活・人間関係）に向き合う ④SSPおよびSSMを活用する ⑤問題解決ができる ⑥達成感を味わい、自信を付ける ⑦できたことと目標を関連付ける ↓ 結果的に自己肯定感が高まる

● 自己肯定感を高める

①「自己肯定感」を定義する

　「自己肯定感」は、一般的に「ありのままの自分を認める気持ちや感情」「自分の良い所も悪い所も含めて肯定し、相対的理由ではなく『そのままでいい』と自らを尊重すること」を意味します。子供の自己肯定感を積極的に高めていくため、まずは支援者が「自己肯定感」を定義付けすることが大切です。様々な文献を参考にして、支援をする方が納得するもの、腑に落ちる定義を設定しましょう。本書では参考までに、「自己肯定感の教科書」（中島輝 著）にある言葉を引用して定義します。「自己肯定感の教科書」では、自己肯定感は「6つの感」で支えられているものとして、以下のように説明しています。

「自己肯定感」の定義例

自己肯定感を支える「6つの感」	
(1) 自尊感情	自分には価値があると思える感覚
(2) 自己受容感	ありのままの自分を認める感覚
(3) 自己効力感	自分にはできると思える感覚
(4) 自己信頼感	自分を信じられる感覚
(5) 自己決定感	自分で決定できるという感覚
(6) 自己有用感	自分は何かの役に立っているという感覚

(引用：「自己肯定感の教科書」(中島輝 著)

　漠然と「自己肯定感」を捉えるのではなく、その構成や意味を明確にします。そして、必要であればその定義を子供と共有するなどして、考え方の前提を整えます。

②定義に沿って目標を決める

　定義付けしたものをベースに焦点化して目標を決めます。目標が決まったら、そこにつながる場面や状況を想定し、SSP や SSM を活用しながら、子供が問題解決をして成功体験でまとめられるようにします。

> 例) A 児の場合、「自己決定感」が低くなる傾向がある。だから、「自己決定感」をもたせていくことで、「自己肯定感」を高めていくことにする。A 児は「自分で決められないこと」に負い目を感じる傾向がある。だから、自己決定できる場を設けたり、自分で決められるように選択肢を示したりする。SSM「決められな E」が出ないように、SSP「ドキドキアクセル」や「なんのためさがし」を使って、より自分で決断できるようにして、達成感を味わわせていく。

　これらのことを念頭に置き、③～⑥を支援します。⑥では適切な即時評価を丁寧に行います。

⑦できたことと目標を関連付ける

　上記の手順で、解決・達成できたことの積み上げをしていきます。そして、できたことと②で決めた目標を、改めて引き合わせて確認することで、定義したことの高まりを再認識します。

　「自己肯定感」を漠然と捉え、実践しても、漠然と高まることもあるでしょう。それはそれでよいのですが、より確実な手応えを得たい場合は、B の手順を参考にしてください。B の①、もしくは①と②をするだけでも、支援の行く末が定まりやすくなります。

マインドフルネス〜SSP に体感を〜

　マインドフルネスという言葉をよく耳にします。「『今、この瞬間』を大切にする生き方」と言われていますが、「子どものためのマインドフルネス」（キラ・ウィリー著）では、「マインドフルネス」とは「今、この時間を充実させる」ことで、その願いを叶える方法と説明しています。続けて、「呼吸を通じて体をコントロールし、いつでもどこでも今の自分の気持ちに気付いたりやる気を出させたりする」としています。

　発達に課題のある子供たちは、往々にしてメンタルコントロールが苦手で、怒りに我を忘れたり悲観の深みにはまり込んだりと、大きな感情の振れ幅の調整にいつも心をすり減らしています。マインドフルネスの言葉の意味を知ると、そのような子供たちにこそ、「今、この瞬間の充実感」を味わってほしいと感じてしまいます。

　SSP は、「ことば」と「イメージ」で状況に適した行動や思考を想起させる役割があります。しかし、「怒りを抑える」「悲観しない」「傷つかない」など、特にメンタルコントロールにおいては、SSP だけではその荷が重すぎる場面があります。

　そこで、マインドフルネスと SSP および SSM を組み合わせることで、その効果を高めていきたいと思います。

●「こころホームポジション」

　感情の振れ幅の大きい子供たちに「今、この瞬間の充実感」を味わわせるには、まずは子供に本来あるべき精神状態になること、つまり「気持ちの定位置に立ち戻る感覚」をつかませる必要があると考えています。これをアイテム化するならば「こころホームポジション」とでも言いましょうか。

　子供たちに「こころホームポジション」を意識させることは、それほど難しいことではありません。日常生活の中で、嬉しくも悲しくも腹立たしくもない、いたって「普通の状態」の時に、「それが、あなたの『こころホームポジション』です。イライラしたり気分が落ち込んだりしたら、今の心の状態を思い出してね」と子供に伝えるだけです。子供自身が「気持ちの定位置」を感覚的につかめるまでは、日常の何でもない時に何回か確認しましょう。

　そして、怒りすぎていたり落ち込みすぎていたりする自分に気付いたら、一呼吸置いて、子供に「こころホームポジション」を思い出させ、「気持ちの定位置」に戻れるようにします。マイナスの状態からいきなりプラスにもっていくのではなく、マイナスから一旦ゼロに戻してからプラスにもっていくイメージです。

　定位置に戻りやすいということは、次の気持ちや行動に切り替えやすいということに他なりません。

●マインドフルネス× SSP & SSM

SSP および SSM の「ことば」と「イメージ」に、マインドフルネスの「体感」を加えることで SSP の効果を高め、悲鳴を上げている子供たちの「心」を解放します。そして、子供たちの気持ちを落ち着かせてから、体感的に「マインドフルネス」を味わわせていきます。

マインドフルネスでの SSP 活用例

エクササイズで使う動きや気持ちなど	SS のアイテム化例
長く息を吸って、吐く	ローングローングブレス
「う」を発音する口の形で息を吸う	逆口笛
肺の息を空にするように吐く	はいカラ（肺空）
鼻から吸って口から吐く	はなすいくちはき（鼻吸い口吐き）
息を全部吐き出す	全吐き
波一つない止まった水面のような気持ち	みなもゴコロ（水面心）
波紋が消えていくように気持ちが落ち着いていく	波紋フェード
小さな音も漏らさず聞く	集音イヤー
空気が体の中を通り抜ける感覚	カラダフィルター
ふわふわした雲になった感覚	ふわくもマインド
地面にしっかりと根をはっている感覚	根っこグランディング
新しいものを作る感覚	イメージアイテムメーカー
鼻で速く息を吸って吐く	小刻み呼吸
1，2，3と数えて、1回手を叩く	カウントクラップ
顔のパーツを様々に動かす	表情エクササイズ
背骨を中心に体をねじる	ツイストボディ
猫のように背中を丸めて背伸びをする	猫背ストレッチ
顔をクシャクシャにする	うめぼしフェイス
何もしないで体の力を抜く	脱リョーク
心が満たされている	まんぷくマインド

（参考：「子どものためのマインドフルネス」（キラ・ウィリー著）

同書では「マインドフルネスのエクササイズを続ければ、子供たちは我慢強くなって、人とうまく付き合えるようになって、自分に自信をもてるようになる」としています。「気持ちの定位置」に戻れる安心感が芽生えれば、自分の心に余裕ができて、子供たちは様々なことに前向きに取り組んでいくことでしょう。それが継続し、習慣化されることで、子供たちは本当の意味で「今、この時間を充実させる」ことができるのです。

レジリエンスへつなげる「心」「課題」「再起」

　失敗経験を積み重ね、自己肯定感を下げている子供たちは、似たような過ちを繰り返す自分自身に嫌気が差しています。「どうせ俺なんて」「やるだけ無駄」「できっこないし」と、子供から発せられる投げやりでやさぐれた言葉は、まるで自分自身を傷付けているかのようにさえ聞こえます。そんな心の状態になる前に、子供たちに「再起」への道筋を何とかして伝えたいです。

　ビジネス界や心理学の領域で注目を集める「レジリエンス」は、一般的に「回復力」「弾性（しなやかさ）」と捉えられます。『レジリエンス』の鍛え方」（久世浩司 著）では、「もともと環境学で生態系の環境変化に対する『復元力』を表す言葉として使われていたが、現代心理学で人の『精神的な回復力』を示す言葉として使われ始めた」としています。また「『再起』や『再生』という言葉もレジリエンスの意味としてイメージしやすい」ともしています。

　失敗を繰り返し自信を失った子供たちが、諦めず何度でも立ち上がり前進していけるように、本書では、「心」「課題」「再起」をキーワードにレジリエンスへの道筋を考えていきます。

　「心が折れてしまってから」「失敗してしまってから」「再起の場面に直面してから」、その対応を考えるのでは、陥った現状へのショックも大きく、再起への意欲もなかなか湧いてきません。危機的状況に陥る前に、それぞれについての捉え方と構えを、子供たちに伝えます。

「心」「課題」「再起」の捉え方と構え

「心」の捉え方と構え

・「心」は折れてしまう可能性がある

・「心」が折れそうになったら、全てを中断ないし放棄する（助けを求める）

・「心」が折れてしまったら、再起に向け「心」の状態を整える

「課題」の捉え方と構え

・難しい「課題」は失敗する可能性がある

・「課題」に失敗することを想定しておく

・「課題」に失敗した時、何をどうするか考えておく

「再起」の捉え方と構え

・「再起」は、前進するだけで意味がある

・失敗を教訓に「再起」の作戦を立てる

・成功だけをゴールにせず、前進し続けることも「再起」とする

　「心」の捉え方と構えでは、自分自身の精神状態に意識を向けさせ、非常事態になったら速やかに助けを求める段取りをします。また、「心」が折れる可能性を示しつつ、折れてしまっても「再起」に向かう道筋をつけておきます。初期設定の性能・効果をアレンジしたものを含め、活用できるSSPは以下の通りです。

活用できるSSP	性能・効果（アレンジしたものを含む）
こころセンサー	自分の心の状態が分かる
ピンチ S.O.S	心が折れる前に助けを求める
ものごとリフレーム	「失敗」の捉え方を変える

　「課題」の捉え方と構えでは、難題には失敗は付きものであり、あらゆる状況を事前に想定することの大切さを伝えます。「成功」を前提にするか、「失敗」もあり得ることを前提にするかで、ショックに対する耐性も変わります。細かい対処法とまでは言いませんが、大枠として想定しておくことに意味があります。

活用できるSSP	性能・効果（アレンジしたものを含む）
さきよみチェンジ	失敗の可能性について先読みする
グサグサエアバッグ	自分の失敗に対するダメージを軽くする
しょうブンセキ	失敗した時の作戦も立てておく

　「再起」の捉え方と構えでは、再起する状況になった子供が、自分で自分を励まし、始めの一歩を踏み出す勇気をもてるようにします。また、再び歩き始めた子供が失敗を機に再度足を止めてしまわないように、「再起」の意味付けも慎重に行います。

活用できそうなSSP	性能・効果（アレンジしたものを含む）
とりあえずガンバ	とりあえずチャレンジする
ものごとリフレーム＋しょうブンセキ	「失敗」の捉え方を変え、「再起」の作戦を立てる
たのしミッケ	チャレンジすること自体の楽しみを見つける

　「備えあれば憂いなし」の言葉通り、子供たちにとって「見通しがもてる」ということはかなりの安心材料になります。子供に限らず、誰しも失敗や挫折を繰り返し、人は成長していくものです。ただ、その失敗や挫折のために再起が難しい状況になってしまうことは、決して稀なことではありません。

　そのような状況に陥ってしまう前に、「レジリエンス」への道筋を子供たちに示しておきたいと切に思います。

SSP にはなぜ効果があるのか？
心理学的な背景理論

●理論①　自己教示トレーニング

　「自己教示トレーニング」は認知行動療法の一つで、「言葉による行動調節機能を治療に取り込み、自分自身に適切な教示を与えることによって適応行動の獲得と遂行を容易にすること」です。子供たちが自分で発した言葉で自分を説得することで、目的とする考え方、行動や習慣ができるようになるトレーニングだと言えます。

　自分のなりたい像をイメージし、そこに近づくためにアイテムを運用していくという SSP のプロセスが、自己教示トレーニングになるのです。アイテム化によって記銘や想起もしやすくなるところが、さらに、効果を生み出す要因だと考えています。

●理論②　自己強化

　セルフコントロール技術の一つに「自己強化：個体が自分の行動に対して自ら強化を随伴させる」という技法があります。自らに課した目標を達成するために、自分自身に"アメ"と"ムチ"を与え、望ましい結果を生み出すことを言います。例えば、「〇〇日までに通知表の所見を仕上げたら、前から欲しかった××を買う」のように、自分の行動を望ましい方向へ導くために、自分にご褒美や罰を与えるものです。

　SSP ではムチ（マイナス要素）を設定することはしませんが、SSP を運用することで、支援者の即時評価や子供同士の相互評価という"アメ"を得ることができます。さらに、「アイテムが使えた！」「なりたい自分に近づけた！」という自己評価は子供自身の進化（成長）の実感となり、次の進化へのモチベーションと十分なり得るものです。

●理論③　問題の外在化

　「ブリーフセラピーの極意」（森俊夫 著）では「問題の外在化」について次のように解説されています。「問題の外在化」とは、「家族療法や社会構成主義の文脈の中から生まれてきたナラティブ・セラピーにおける一つの考え方であり、治療スキルですが、要は、もともとはクライエント個人や家族といった周囲の人々の内側に存在していた『問題』を、その外側へと取り出し、取り出された（外在化された）『問題』に対してどう対処するかを、皆で一緒に考え、実行していくという方法のこと」です。

　例えば、筆者が担任をもったある子供には、友達に嫌味を言われるとムキになって言い返してしまい、トラブルを大きくしてしまうことがありました。そこで「そんなに強く言い方をしない方がいいよ。相手もどんどんエスカレートしてしまうから」と話したところ、「先生、私

が悪いんですか？　何で私が怒られなきゃいけないんですか？」と、強い言葉で言い返してきました。そんなやりとりを1年近く続けても、その子に変容は見られませんでした。

　しかし、アイテム化の実践を始めると、大きな変化がありました。「相手に言われたことやられたことをそのまま跳ね返してしまう」というソーシャルスキルをアイテム化して「はねかえしミラー」（ホップアイテム）が設定されました。つまりそこでは、その子の中にあった課題が外在化されます。すると、1年間、声かけに耳を傾けなかったその子が、友達とトラブルになり、相手に強く言い返した瞬間に「私、『はねかえしミラー』、使っちゃった…」と自らの行為を客観的に捉えるようになったのでした。その後、その子が「はねかえしミラー」を使う頻度は減少していきました。

　外在化されると、子供は問題を客観的に捉えられるようになります。そして、冷静に対処を考えることで、セルフコントロール力を高めていくことができるのです。

●理論④　解決志向アプローチ

　「解決志向アプローチ」とは、家族療法をルーツに持つ短期療法（ブリーフセラピー）の一つで、「ブリーフセラピーの極意」（森俊夫 著）では「『問題』や『原因』に焦点を当てない、そもそも『問題』から出発しないという発想に基づいたやり方のことで、人々が『解決』を手に入れることに役立つものだけに焦点を当てる方法」と説明されています。

　あるトラブルが起きた時、その原因や内容など、そのトラブルが含む問題に焦点を当てて解決策を導き出していくことを「問題志向」と言います。一方、原因の追究はせず、「どうしていきたいか？」「どうなっていきたいのか？」という解決像をイメージし、それに向けて始めていくことを「解決志向」と言います。子供が現在持ち合わせている力をベースに、自分自身を進化させていくという点で、SSP は「解決志向」だと言えます。

　何か問題行動があった時、私たちはその原因を考え、対策を練ります。しかし、その子の家庭環境等に起因するものであると特定された場合、学校にできる範囲で対応していく状況になることは多々あります。しかし、SSP ではうまく使えないアイテムがあったとしてもその原因を探ることはしません。できないことがあっても、そこがスタートラインになります。

　「できる」が基準になると「できない」はマイナススタートですが、「現時点」が基準になれば「できない」があってもゼロスタートになります。周りにできて自分にできないことがあると「自分は〇〇ができない…」と自信を失ってしまいますが、SSP では例えできないことがあっても「自分は△△というアイテムを持ってないだけだから」と捉えやすくなります。

　運用できるアイテムが増えれば増えるほど子供たちの自己肯定感は高まり、運用できないアイテムがあっても自己肯定感が下がりにくい最大の理由はここにあるのです。

アイテム化のメリット

「ソーシャルスキルのアイテム化」のメリット
・どんな場面にも使えて手軽
・クラスや子供の実態にアジャストした行動目標
・試合で練習する感覚
・「できない」ではなく「もっていない」だけ
・スモールステップ
・全体でも個別でも使える

アイテムメーカー

● どんな場面にも使えて手軽

　目標に対し、想起しやすくて行動や思考を促すようなラベリングをするだけなので、手軽に、様々な場面の課題に対応することができます。しかし、大きな効果を生み出すためには、子供たちが意欲的に取り組めるようなステージの設定をしっかり行う必要があります。

　既存の SST は、1 つの課題に対し 1 つのアクティビティに取り組むことが多いですが、この支援法は、一度ステージが整えば、集団行動、身辺自立、感情コントロール等、様々な課題を支援の対象とすることができます。

● クラスや子供の実態にアジャストした行動目標

　この支援法はクラスや子供の実態やニーズに即したものをアイテム化していくというものです。クラスや子供のセンシティブな実態や状況にアジャストした支援を行うことができます。

● 試合で練習する感覚

　「通級指導などの小集団では力を発揮できても、通常学級などの母集団ではその効果を発揮できない」という状況は長らく教育現場の課題となっています。練習でできても本番でできない。野球でいうと、ブルペンではよい投球ができるのに試合では思うような投球ができないピッチャーのようです。

　しかし、この支援法は母集団の中で運用の練習をして、そしてその上達を促していきます。つまり試合中に練習のつもりでトレーニングを積むという感覚です。仮想場面での疑似体験ではなく、リアルな場での実体験で成長を促します。

●「できない」ではなく「もっていない」だけ

　周りの友達に比べてできないことが多いと、子供たちの自己肯定感は下がっていきます。しかし、この支援法では「できない」ではなく「〇〇アイテムを持っていないだけ」と考えます。もちろん、アイテムがうまく運用できない時などは自己肯定感は下がる可能性もありますが、フォローを適宜行いながら、子供の気持ちをマイナススタートではなくゼロスタートに持っていくことができます。

● スモールステップ

　「アイテムが難しすぎる」という場合も考えられますが、行動目標も簡単に変更することができます。例えば、友達とトラブルを起こした時、「自分の良くなかったとこを洗いざらい言うことができる。(正直ザムライ)」という設定が難しかったとすると、一つ段階を下げて「言い訳をしない。(いいわけブレーキ)」と再設定することができます。それでも難しい場合は「自分の良くないところに目を向けることができる。(はんせいヤジルシ)」に設定することも可能です。

　クラスや子供の発達の最近接領域に迫り、それが難なくクリアできるようになったら、ちょっと背伸びすればできそうなことをアイテム化して取り組ませていくことができます。

●全体でも個別でも使える

　本書ではクラス全体で行うことを前提にしていますが、決してそうしないと効果が出ないわけではありません。クラス全体で展開するのが難しい場合は、支援の対象となる子供と支援者との関係の中で実施し展開していくことも可能です。

　クラス全体を巻き込んだダイナミックな効果は期待できませんが、その子供が意欲的に取り組みたくなるようなステージさえ整っていれば、十分効果は期待できます。

●モンスター(SSM)と対応して使える

　既刊「子どもが思わず動きだす！ソーシャルスキルモンスター」で35体、「子どもの心が軽くなる！ソーシャルスキルモンスター」で50体、計85体のモンスターが用意されています。35体のSSMは、本書を含めたSSP三部作の計105アイテムと完全対応しています。「ソーシャルスキルのアイテム化」を用いれば、まだSSP化されていないアイテムも容易に設定することができます。SSMを「的」に、SSPを「弓と矢」にして「的を射た」支援をしていきます。

SSP		SSM		SS のアイテム化
 はんせいヤジルシ	→	 あやまレンガ	←	ごめんなサイン
			←	えんまんカイケツ

ポスター×モンスターで子供たちをサポート

① 通常学級と特別支援学級との「架け橋」

　学級会で「最高学年として行いたいこと」を議題に話し合いをすると、「特別支援学級の友達と交流したい」という意見が挙がりました。内容としては、「体育館で障害物走などの合同レクしよう」ということになり、その際に「支援級の友達とより親交を深めるために何かできないか」という意見も出ました。

　そして、話し合う中で子供たちから出た意見の一つに、「支援級との共通のSSPを自分たちで作り、それを互いの友情の証にする」というものがありました。子供たちは、支援級の友達との活動を思い浮かべ、様々な意見を出し合いオリジナルのSSPを複数作りました。最終的に、クラスのSSPとして採用されたのは、仲良くしている人たちに舞い降りる「仲良しの天使ーる」と、悲しんでいる人を励まして笑わせる「にっこりー」の2つでした。

　合同レクの前に支援級を訪ね、2つのSSPを紹介しました。支援級の子供たちは、普段自分たちが学習しているSSPを交流級の友達も取り組んでいることを知り、驚きつつも喜んでいました。SSPの名前と効果・性能を伝えるだけで、その目的をすぐに理解していました。

　合同レク当日は、この2つのSSPを活用しながら、障害物走やドッジボールなどの活動を楽しみました。事前にSSPを作っていたため、取り立てて合同レクの目的を強調しなくても、子供同士「仲良くしよう」「悲しい思いをする人がいないようにしよう」とSSPに託した思いを共有していました。支援級の子供たちも「安心して楽しめる場」と感じたようで、積極的に活動へ参加していました。

　合同レクの後、子供たちに感想を聞いたところ、「活動中、全員の胸に『仲良しの天使ーる』を付けたことで一体感が生まれた」「『にっこりー』を意識して、常に笑顔で優しく接するよう心掛けた」「『にっこりー』のおかげで友達の笑顔をたくさん見ることができ、嬉しくなった」「隣の人と作ったアイテムだから、ちゃんと使うことを意識した」「常にお互いの心に『にっこりー』がいるようにしたい」と答えていました。

　このように、SSPを活用すると子供たちの交流に対する主体性が向上しました。さらに、多くを語らずとも子供同士の相互理解を深めることができました。

　SSPは、子供同士の関係を深め、通常学級と特別支援学級をつなぐ「架け橋」になり得るものであると、実践をしてみて感じました。

「仲良しの天使ーる」

「にっこりー」

② 特別支援学級から特別支援学校へ

　私が特別支援学級（知的固定）に勤務していた頃、SSP を知り、自分のクラスで実践しました。「○○しなさい」「○○してはいけません」と注意しても行動が変わらなかった子供が、「先生、『てきぱきタイマー』が使えました」と自慢げに報告してくれるようになりました。子供たちが自ら意欲的に取り組む姿を見て、SSP の効果を実感しました。

　その後特別支援学校に異動になりました。特別支援学級に比べ知的障害の重い子供の割合は高くなりました。しかし、知的障害はそれほど重くないものの、情緒や身辺自立、社会性の面で課題がある子供が一定数いることを感じました。その時、子供によっては SSP が使えるのではないかと思いました。

　他クラスの同僚の先生から「子供の対応で困っている」という話を聞きました。その子供は、急な予定の変更や自分の思っていた通りにいかないことがあると、暴れたり教室を飛び出したりして、感情のコントロールに課題がありました。一方で、認知は高く、落ち着いている時は全体指示を聞いて行動することが可能で、興味のあることに対しては集中して取り組むことができました。また、「ミッションをクリアしながら進めていくゲームが好き」という一面もありました。「SSP をゲームのように楽しく取り組める設定にしたらその子も取り組んでくれるのでは」と思い、その先生に SSP を紹介しました。

　そして、その先生は、子供たちと以下のような実践をしました。

「アイテムを集めて、かっこいい中学生になろう！」（特別支援学校　6 年生）

　「どんな中学生になりたいか」という具体的な像を子供たちと考える。そのために必要な SSP をアプリに置き換えて、クリアできたらタブレットにインストールしていくという設定にする。インストールしたアプリにクラス全員で挑戦していく。タブレットは子供たちが常に見えるところに掲示し、帰りの会などでアプリが実践できたかどうかを共有する。アプリが使えるようになってくると、「○○のアプリが使えたよ」と自ら報告してくるようになる。

　クラス全員がアプリを使えるようになったら、次のアプリに挑戦していく。クラスの取り組みの中でも段階を経ていくと、感情のコントロールが難しい子供が「イラけし」を練習すると、ちょっとしたイライラであれば自分で気付き、怒りを抑えられるようになっていく。

　アプリを集めていく設定にすると、次のアプリへの期待感が高まり、楽しみながらソーシャルスキルを習得できる。取り組みやすいアプリから挑戦させることで、子供たちは自信をつけ、難しいアプリにも挑戦していけるようになる。たくさんのアプリを紹介することで、自分の得意なアプリを見つけ、継続して使い続けられるようにもなる。

実践した同僚の先生は、「SSPをやってみて、○○さんの気持ちの切り替えが以前よりできるようになって良かった」と喜んでくれました。また、支援対象の子供だけでなく、クラス全体で様々なSSPに挑戦したことで、他の子供もそれぞれ得意なものを見つけ、自ら使えるSSPができました。それによって子供を褒める機会が増え、クラスの雰囲気がとても良くなりました。

　しかし、特別支援学校の実態では、抽象的な内容の理解や般化が難しい場合が多いです。注意されている事柄やその意味がよく理解できていないことで、子供が行動を変えられないという状況を目にします。そのため、SSPの紹介は以下のようにより具体的に行います。

例「はやおしあいさつ」
①ポイントを絞っての紹介
　「目をみる」「声量は近くの人に話すくらい」「相手の名前を呼ぶ」など
②ポイントを意識したリハーサル
　ポイントを意識して、実際に教員と一緒に練習させる
③リハーサルのフィードバック
　友達の練習の様子を見せたり、自分の練習の様子を動画で見せたりする
④運用場面のシミュレーション
　「朝、玄関で教員と会う時」「教室移動で教員等とすれ違う時」「下校時」など

　SSPは、分かりやすいイラストと短く簡単なフレーズで課題（SSP）を紹介できるので、子供は理解しやすいです。「できる技を増やしていく」という前向きな設定のため、取り組みやすく、ポスターを掲示しておくことで即時評価もしやすいです。子供自身できたことを実感し意欲が高まるので、継続して取り組むこともできます。さらに、SSPの「運用場面」「運用の仕方」「運用の練習」など、ソーシャルスキルを具体化、細分化し、子供の実態に適した支援を組み立てることで、その効果はさらに大きくなります。

　特別支援学級と特別支援学校では、子供の実態は異なりますが、「褒められたい」「できるようになりたい」という気持ちは、どの子供も変わらず強くもっています。その気持ちに応えていけるよう、これからも子供が自分から取り組みたくなるような支援をしていきたいと思います。

家庭教育での SSP & SSM

　5年生の兄と母との会話。いつの間にやら我が家では、SSM・SSP が日常的に会話の中に登場するようになった。目下、ぞくぞく増殖中である。

母「足が疲れたから、踏んでー」
兄「いいよ」
（兄、母の足を踏み踏みする）
兄「お母さん、自分の中にいるモンスター、なんだと思う？」
母「う〜ん。『ネムネム（ねむい）』かな」
兄「オレは『ダリス（だるいリス。兄オリジナル）』」

　こんな感じである。忙しい毎日の中で、SSM がほっこりした空気を運んでくる。

父「ちょっと、ゲームが『ヤリッパ』なんだけど。片づけて」
兄「え、無理。今、『ダリス（だるいリス）』居るんで」

　と、なかなかうまく使ってくるのも高学年ならではである。

　思春期に差しかかると、親と子供の関係も変わってくる。子供は子供でいちいちうるさい親に腹を立て、親は親で子の反抗的な態度に大人げなく反応する。気付けば雰囲気が悪くなりそうになる場面が多いが、そこで活躍してくれるのが SSP・SSM である。
　子供に強く言いたくなるのをグッとこらえ、「はー、『にくたら C』だねー。『わかってキモチ』使いたいんですけど」と言うだけで、心にスッと余裕ができる。子供が煙に巻かれたように緊張感を解く様子も SSP・SSM の効果であろう。大人のアンガーマネジメントにも一役買ってくれる SSP・SSM である。

ヤリッパ

にくたら C

わかってキモチ

高学年になると、低学年の頃と比べ、自分の感情を抑えることはだいぶできるようになってきます。その反面、抑えた感情の行き場がなかったり、処理の仕方がわからなかったり…ということで苦しむ子供も多いと思います。「自分自身を大切にする」「自分の身（心）を守る」「自分を励ます」というスキルを身に付けることが、結果として周囲との調和につながるのではないかと考えます。

　この SSP は、子供に馴染みやすく提示されているので、難しい課題である"自分と向き合う"ことを楽しく実践できるツールだと感じ、ヨガのレッスンに取り入れました。週1回、1時間の限られたレッスンの時間内で取り組めるように、以下のような工夫をしました。

「SSP 一覧表」に記録する 	SSP を一覧にすると「社会生活をするうえで必要なこと」が分かり「これなら自信がある！」「これは苦手かも…」と自分を認識しやすくなります。目標を自分で決め、使えた SSP をチェックしていき、「10 回使うことができたらクリア」とします。クリアした SSP は「自分がもっているスキル」と認識できるので、日常で役立てられるようになります。
子供同士で気楽に話し合う 	子供同士が話し合いながら自分の課題を選ぶと、お互いに苦手なことがあることを知ることができます。「自分にとっては簡単なことも、難しいと感じる人もいる」ということが分かると、「友達は自分とは違う」「色々な人がいる」と認識できるようになります。他人を理解し受け入れることをきっかけに、新たな自分に気付き、さらに自己理解が進んでいきます。
「報告カード」に書く 	SSP を使えた場面を「報告カード」に書き出し、自分の頑張りを確認します。「課題をクリアできた！」という達成感を何度も積み重ねていくことで、自信が付き、自己肯定感が高まります。「報告カード」を見ると支援者も子供たちの頑張りが分かり、具体的に褒めることができます。自分で自分を褒め、指導者からも褒められることで、子供たちのやる気は持続していきます。

【実践した子供たちの感想】

> 「グサグサエアバック」「わかってキモチ」
>
> 　嫌なことがあるとすぐに傷付いてクヨクヨしていたけれど、この2つをセットで使うようにしたら、友達にも相談できるようになって楽になった。

> 「ものごとリフレーム」
>
> 　ものごとを悪い方に考える癖があって、気持ちが落ち込むことが多いから、これを使えるようになりたい。

> 「怒うかせんのばし」
>
> 　嫌なことがあるとすぐにドカンと怒っちゃうから、これを使えるようになりたい。

> 「こころチア」
>
> 　試合で緊張している自分に「練習、練習」と言い聞かせて励ますことができた。

　高学年になると、友達関係での悩みや自分自身に対する葛藤が増えてきます。そんな時にSSPが、自分や周囲と上手に付き合うためのヒントになり、助けになっていると感じます。

　子供たちは、悩みや葛藤を紙に書き出し吐き出すことで気持ちが楽になり、自分の頑張りを認識することができます。私も報告カードを見せてもらうことで、子供たちが日々、生活の中で頑張っている様子を見ることができ、レッスン内容に反映することができます。

　そうした意味からもこのSSPは、子供の心の成長を促すとても良いツールだと思います。

ポスター編

ポスターの使い方

ポスターの構成

　左ページにポスター、右ページにポスターの読み聞かせのことば、注意事項を記載しています。本書を逆開きにして子供たちにポスターを見せながら説明をすることができます。

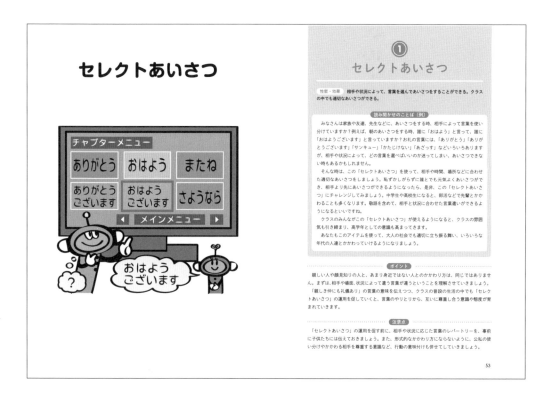

性能・効果

　ポスターがもつ効果、性能を表しています。子供たちに身につけて欲しいソーシャルスキルを確認しましょう。

読み聞かせのことば（例）

　ポスターを子供たちに提示する時に、読み聞かせることばの例を示しています。子供たちの実態に応じて適宜変更してください。子供たちがポスターを自ら使いたくなるような説明をすることがポイントです。

ポイント

　ポスターを活用する上でのポイントをまとめています。

注意点

　ポスターを活用する上での注意点をまとめています。クラスの実態によって運用の仕方が変わる場合もあります。

CD-ROM を使用するに当たって

収録データの解説

　CD-ROM に収録されているデータは PDF 形式です。「ポスター」と「説明文」の２ページで１ファイルとして作成しています。

使い方

　付属 CD 版のポスターには、ポスター名が記載されていません。クラス全体でつけた名前を自由に書き込んで使用してください。ポスターイラストは、さまざまなソーシャルスキルに対応できるように作成しています。

使用上の注意点

【必要動作環境】

　CD-ROM を読み込むことができるコンピューターでお使いいただけます。OS のバージョンは問いませんが、処理速度の遅いコンピューターでは動作に時間がかかることがありますので注意してください。

【取扱上の注意】

・ディスクをもつ時は、再生盤面に触れないようにし、傷や汚れなどをつけないようにしてください。
・直射日光が当たる場所など、高温多湿になる場所を避けて保管してください。
・付属の CD-ROM を紛失・破損した際のサポートは行っておりません。
・付属の CD-ROM に収録した画像等を使用することで起きたいかなる損害および被害につきましても著者および（株）東洋館出版社は一切の責任を負いません。

セレクトあいさつ

セレクトあいさつ

性能・効果　相手や状況によって、言葉を選んであいさつをすることができる。クラスの中でも適切なあいさつができる。

読み聞かせのことば（例）

　みなさんは家族や友達、先生などに、あいさつをする時、相手によって言葉を使い分けていますか？例えば、朝のあいさつをする時、誰に「おはよう」と言って、誰に「おはようございます」と言っていますか？お礼の言葉には、「ありがとう」「ありがとうございます」「サンキュー」「かたじけない」「あざっす」などいろいろありますが、相手や状況によって、どの言葉を選べばいいのか迷ってしまい、あいさつできない時もあるかもしれません。

　そんな時は、この「セレクトあいさつ」を使って、相手や時間、場所などに合わせた適切なあいさつをしましょう。恥ずかしがらずに誰とでも元気よくあいさつができ、相手より先にあいさつができるようになったら、是非、この「セレクトあいさつ」にチャレンジしてみましょう。中学生や高校生になると、部活などで先輩とかかわることも多くなります。敬語を含めて、相手と状況に合わせた言葉遣いができるようになるといいですね。

　クラスのみんながこの「セレクトあいさつ」が使えるようになると、クラスの雰囲気も引き締まり、高学年としての意識も高まってきます。

　あなたもこのアイテムを使って、大人の社会でも適切に立ち振る舞い、いろいろな年代の人達とかかわっていけるようになりましょう。

ポイント

　親しい人や顔見知りの人と、あまり身近ではない人とのかかわり方は、同じではありません。まずは、相手や場面、状況によって遣う言葉が違うということを理解させていきましょう。

　「親しき仲にも礼儀あり」の言葉の意味を伝えつつ、クラスの普段の生活の中でも「セレクトあいさつ」の運用を促していくと、言葉のやりとりから、互いに尊重し合う意識や態度が育まれていきます。

注意点

　「セレクトあいさつ」の運用を促す前に、相手や状況に応じた言葉のレパートリーを、事前に子供たちには伝えておきましょう。また、形式的なかかわり方にならないように、公私の使い分けやかかわる相手を尊重する意識など、行動の意味付けも併せてしていきましょう。

美化ピカファインダー

美化ピカファインダー

性能・効果 自分の身の回りのものだけでなく、教室や校舎、校庭など、整理整頓すべき箇所が分かる。

読み聞かせのことば（例）

　高学年になると、自分自身のことだけでなく、学級や学年、学校全体のために活動することも増えてきます。委員会活動や様々な行事では「みんなのため」という意識が大切になり、そのためには視野を広げ、今まで気付かなかったことにも気付けるようになることが求められます。

　今回、みなさんには校内美化を意識して、「美化ピカファインダー」の有能な使い手になってほしいと思います。「美化」は美しくすること、「ピカ」はピカピカな様子、「ファインダー」はカメラの覗き窓部分のことで、このアイテムを使うと、掃除や整理整頓が必要な場所が一瞬で分かる優れものです。「俺が汚したんじゃない」「私には関係ない」という気持ちがあると、このアイテムはなかなか使うことができません。

　「美化ピカファインダー」が上手に使えるようになったら、これまでにマスターした「つくえクリーナー」や「せいりゴコロ」をフル活用して、「掃除をする」「整理整頓をする」など、次の行動に移してください。

　あなたの学校に「美化ピカファインダー」の使い手が一人でも増えれば、あなたの学校は地域でも有名な「美化ピカ学校」になるでしょう。

・・・・・・・・・・・・・・・・・・・ ポイント ・・・・・・・・・・・・・・・・・・・

　まずは、自分の教室や出張掃除でいく特別教室などの掃除において、汚れている所、汚い所、乱れている所に子供たちの意識が向くようにしましょう。必要に応じて、教員が具体的に示してもよいです。子供が自ら見つけた美化ピカポイント（掃除・整理整頓すべき所に着目する視点）を取り上げ、さらに共有することで、子供たちの自主性を上手に引き出していきましょう。

・・・・・・・・・・・・・・・・・・・ 注意点 ・・・・・・・・・・・・・・・・・・・

　「汚れや乱れに気付く→掃除や整理整頓をする→整った状態を気持ちよく感じる」など、行動面から情意面につなげていきます。子供たちにやらされている感が残らないように、高学年としての意識を高めていくとともに、校内美化の視点を具体的に示していきましょう。

　発達に課題のある子供がいる場合、全体での指示に視覚支援を入れたり着眼点をより具体的に示したりするなど、活動場面で子供が迷うことのないように配慮します。

三つ星マナー

三つ星マナー

性能・効果 　三つ星レストランで食事ができるくらいの最高のマナーで、給食を食べることができる。

読み聞かせのことば（例）

　みなさんは「三つ星レストラン」という言葉を聞いたことがありますか？外国のある会社が世界中を調べて、素晴らしい味の料理を提供するレストランをガイドブックで紹介しているのですが、その中でも最高ランクのレストランを「三つ星」と表現しています。味や盛り付けも最高で、世界中から多くのお客さんがわざわざ足を運んでくるそうです。みなさんもこんな最高のお店で食事をしてみたいですよね。

　この「三つ星マナー」を使えば、そんな最高ランクのお店でも通用するくらいのマナーのよさで、給食を食べることができます。「おとタテズ」が使えるので、汁物や麺類をすする音、口の中に入れたものを噛んでいる時の音、食器やスプーンがこすれる音など、食べる時に物音を立てることはもちろんありません。声のボリュームに気を付け、食事中にふさわしい内容で会話を楽しめます。「いろたべ」も使えるので、口の中でよく噛み、食材の美味しさをゆっくり味わうこともできます。

　みなさんが「三つ星マナー」を使えるようになると、そのマナーのよさは、他のクラスや学年に広がり、やがて学校中の人が、素晴らしいマナーで給食を食べることができるようになるでしょう。

　大人になって、「三つ星レストラン」で食事ができる日のために、今から「三つ星マナー」を完璧に使いこなせるようにしていきましょう。

ポイント

　形式的な静かさだけを求めるのではなく、「ゆっくりよく噛んで食べる」ことを基本に、「口を閉じて噛む」→「話ができない」→「静かになる」という流れで、子供たちには意識付けをしていきましょう。

　食事以外にもマナーのよさの意味合いを広げていければ、このアイテムは、式や行事などでの立ち居振る舞いにもつなげていくことができます。

注意点

　低学年では「いろたべ」、中学年では「おとタテズ」に取り組ませるなど、発達段階を考慮し、望ましいステップを踏むようにしましょう。栄養教諭、栄養士とも連携しながら、運用の幅をさらに広げていくこともできます。

さきよみチェンジ

さきよみチェンジ

性能・効果 作業中であっても次の展開を予想し、準備したり行動に移したりすることができる。

読み聞かせのことば（例）

「さっき、先生が言っていたから、もうすぐ次の指示がでるかな…」「いつもの流れだと、次やることとは、○○と◇◇だから、先生に言われる前に、○○しておこう」など、先生からの指示が出る前に、ある程度予想して自分から行動できる人がいます。クラスの中だと、誰の顔が思い浮かびますか？

先々のことを考えて行動できる人は、この「さきよみチェンジ」が上手に使えていると言えます。「さきよみチェンジ」が使えているということは、「先のことを予想する」「次にやることが分かる」「自分から行動に移す」という流れが自然にできているということになります。行動を切り替えることですら難しいことであるのに、先のことを考えて行動できるのは、本当に素晴らしいことです。

指示がなくても自分で考えて行動できる人が増えてくれば、クラスの機動力は格段に上がり、無駄な時間が劇的に減ります。「自分たちが生み出した時間をどのように過ごすか」を考えただけでもわくわくしますね。

やるべきことをしっかりやりつつ、「さきよみチェンジ」を使いこなし、自分たちのクラスの可能性をどんどん広げていきましょう。

ポイント

このアイテムの運用を促す場合、子供たちが次の行動を予想しやすい場面やタイミングを選びましょう。また、自発的な行動をしても結果的に失敗せずに済むように、子供たちが見通せる展開を用意しておきます。

前段階アイテム「きりかえスイッチ」「きりかえフラッシュ」から運用を積み重ねていくと、子供たちはさらに自信に満ちて、このアイテムにチャレンジしていきます。

注意点

先のことが気になりすぎて、目の前の課題に集中できないのは本末転倒です。前提として、目の前の課題に集中し没頭することが大切であることを押さえておきましょう。

また、自発的な行動が裏目に出てしまっても全否定しないで意欲は認め、次に同じことを繰り返さないように望ましい行動パターンを丁寧に伝えていきます。

TPO トーク

時間 Time

場所 Place

場合 Occasion

適切

TPO トーク

性能・効果　時間（time）、場所（place）、場合（occasion）に合わせた話し方や振る舞いができる。

読み聞かせのことば（例）

　みなさんは「TPO（ティーピーオー）」という言葉を聞いたことがありますか？「TPO」の「T」は「time」「時間」のことで、「P」は「place」「場所」のことで、「O」は「occasion」「場合」のことを意味します。学校においても、「時間」「場所」「場合」によって、望ましい行動や振る舞いも変わってくるので、高学年としていかに行動すべきかを考えることは、決して簡単なことではありません。

　高学年のみなさんには、是非この「TPO トーク」を使ってほしいです。「時間」については、登校時、授業中、休み時間、給食中、掃除中、下校時などが考えられます。「場所」については、通学路、昇降口、廊下や階段、校庭、自分の教室、特別教室、校長室や職員室などが思い付きます。「場合」については、集中して問題を考える、話し合いで意見を出し合う、作品を作る、全校で体育館に集まる、人命にかかわる話を聞くなど、様々な場面や状況が挙げられます。「TPO」に合わせて、いかに行動すればよいか、みなさんには真剣に考えてほしいです。

　時間、場所、場合によって自らの行動を調整できるようになれば、先生方からの評価はうなぎ上りで、下級生からは憧れの存在として尊敬されるでしょう。

　「TPO トーク」を使いこなせるように、一人一人考えながら行動に移してください。

ポイント

　「望ましい行動とは何か」を考えさせて、価値付けていくことが大切です。子供たちが考えた具体的な行動や振る舞いについて共有化すると、クラスの意識がさらに高まります。

　道徳科における価値項目「節度、礼節」「礼儀」「よりよい学校生活、集団生活の充実」などとも関連させ、行動の目的や意味についても考えていけるようにしましょう。

注意点

　発達に課題のある子供にとって、他者視点でものごとを考えたり場の状況を読んで行動したりすることは難しい場合があります。個別に発達の状態を見極めながら、適宜、具体的に行動の仕方や着眼点について示していきましょう。

空気リーダー

空気リーダー

性能・効果　その場の空気を読み、適切に行動することができる。

読み聞かせのことば（例）

　高学年になると役割も増え、自分自身のことはもちろん、クラスのこと、学年のこと、学校全体のことにかかわることも増えてきます。先生からの指示がはっきり出ている時もある一方で、何をどこまでやっていいのかよく分からない時もあるかもしれません。あいまいな状況だと何も行動できないのは、高学年としては少し寂しい気もします。

　みなさんには是非、この「空気リーダー」のアイテムを上手に使えるようになってほしいです。「空気を読む」ことは、口で言うほど簡単なことではありません。みなさんが空気を読まなければいけない時、具体的には何に着目しているでしょうか。コミュニケーション的には、相手の表情や言葉、言い方や言葉に隠れている本当の気持ち。時間的には、授業中か休み時間など。場面的には、決まったことをするのか自分で考えたことを実行するのか。

　「空気リーダー」を使って実行した行動には、あなたの判断と自主性が込められています。将来においてもこのアイテムは、きっとあなたの武器になります。

　自分で考え、適切な行動ができる人になることを目標に、失敗を恐れず、どんどん「空気リーダー」を使っていきましょう。

ポイント

　このアイテムにつなげるために、前段階アイテム「ワイワイクラッカー」「おとなシーン」を設定しています。「楽しい場面が分かる」「おとなしくしておいた方がいい場面が分かる」などと、場面や条件を限定したもので経験を積ませてから、このアイテムに取り組ませていきましょう。「"空気を読む"ということは簡単なことではない」という前提で支援を構成します。

注意点

　発達に課題のある子供にとって、行間を読んだり、暗黙の了解を理解したりすることは難しい課題です。「空気は読めなくても仕方がない」「読めることは本当にすごいこと」という構えで子供たちとは向き合っていきます。

　理解が難しい子供には実態を見極め、視覚化、図式化、言語化など、その子供にとって分かりやすいアプローチを並行して実施していきましょう。

けじマジ

けじマジ

性能・効果　けじめをつけて、真面目に行動することができる。

読み聞かせのことば（例）

「けじめを付ける」という言葉を聞いたことがありますか？「区別をはっきりさせる」ことを意味しますが、学校で付けるけじめとは、何と何の区別を付けることだと思いますか？授業と休み時間、練習と本番、集中する時とリラックスする時など、考えてみるといろいろあることが分かります。

高学年のみなさんには、是非この「けじマジ」を使いこなせるようになってほしいです。けじめを付けて真面目に行動できることが増えると、様々なよいことがあります。このアイテムが使えるようになると、短い時間でも集中できるので問題を多く解くことができます。また、活動と休憩のバランスを上手に取れるので、長い時間集中が続くようになります。練習の質も上がるので、本番では最高のパフォーマンスを発揮できるようにもなります。

このアイテムが使えるということは、時間の使い方が上手になることでもあります。自由な時間を作り出せるかどうかは、あなた次第です。

自分自身の力を最大限に引き出していくためにも、この「けじマジ」を是非マスターしてください。

ポイント

集中の仕方、切り替えの仕方、休憩やリラックスの仕方など、高学年であれば、自分なりのやり方やポイントを意識している子供もいます。それぞれの取り組みについて、クラス内で共有できると、「けじマジ」をどのように運用していくかのイメージがもちやすくなります。

注意点

クラス内で見ると、集中や切り替え、緩急の付け方については個々の実態によって得手不得手があります。相対的な比較や共有に重きを置きすぎず、個人内での変化や成長にも子供の意識が向くようにしましょう。

ともだちフォルダ

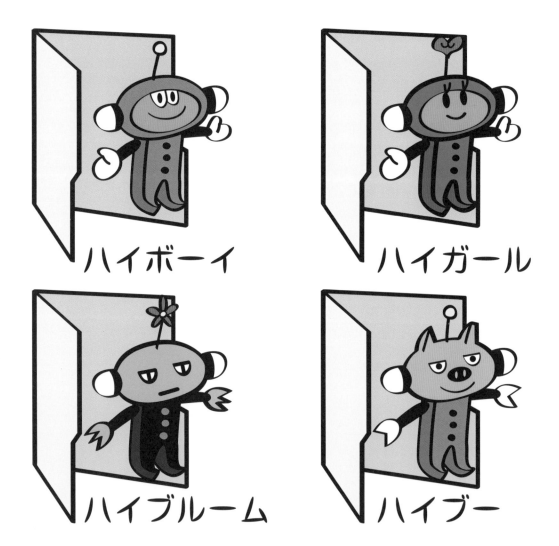

ハイボーイ

ハイガール

ハイブルーム

ハイブー

ともだちフォルダ

性能・効果　友達について詳しくなり、仲間作りができる。

読み聞かせのことば（例）

　高学年になれば、同じクラスになったことのある友達も多くいるので、性格や得意不得意、趣味や特技について、詳しくなっている人もいると思います。高学年ともなれば、単に遊び友達を増やすだけでなく、チームやグループで問題を解決する機会も増えてきます。「仲がよい」という理由だけでなく、友達の性格や能力、相性などを考えに入れて友達同士をグルーピングできるようになれば、リーダーとしての資質もさらに高まります。

　みなさんには、是非、この「ともだちフォルダ」を使えるようになってほしいです。このアイテムを使うには、これまでの友達との経験や思い出から、様々な情報を整理して覚えておき、いつでも思い出せるようにしておきます。そして、目的に合わせてメンバーをふり分けて、クラスの中にバランスの取れたグループを作ってみましょう。

　このアイテムを上手に使える人は、きっと友達のことをよく観察していて、その人の長所や強みをたくさん知っています。

　自分の力を発揮するだけでなく、友達やクラスの力を発揮させられる人は、将来、多くの人から頼られることになるでしょう。

ポイント

　このアイテムの運用の前に、子供同士でそれぞれの長所や強みに注目できるように、具体的な観点（優しい、字がきれい、責任感がある、声が大きい、物怖じしないなど）を示します。そして、教員が日常的に褒めることで、個々の長所や強みに子供たちの意識が向くようにしていきましょう。

注意点

　このアイテムの運用場面に一定の配慮をしないと、特定の子供にその機会が偏る場合があります。友達のよさや適正なグルーピングに注目させることに主眼を置きましょう。クラス全員で班編成をする場面などで、「クラスのみんなでこのアイテムを使おう！」と投げかけることもできます。

いいとこダーツ

親切

面白い

運動神経

発想力

勉強家

おしゃれ

いいとこダーツ

性能・効果 その友達が褒められると嬉しい所が、ピンポイントで分かる。

読み聞かせのことば（例）

　高学年になると、ともに過ごしてきた時間が長いので、友達の性格や特徴について はだいたい理解していると思います。「その友達のよい所は？」と聞かれても、一つ や二つはすぐに答えられるでしょう。

　そんなみなさんには、この「いいとこダーツ」のアイテムに挑戦してほしいです。 このアイテムを使うのはともて難しいのですが、このアイテムを使える人は、その友 達が褒められるととても嬉しい所がピンポイントで分かるようになります。

　ここでは、立場を入れ替えて考えてみましょう。みなさんが褒められる立場だとし ます。何人かの友達が、あなたのよい所を一つずつ挙げてくれたとします。その中 で、「この人、私の細かい所までよく見ていてくれる！」「表に出さないようにしてい たけど、そこに気付いてくれるんだ！」という具合に、指摘されると本当に嬉しいポ イントがあります。友達が、表面的ではない自分のよさに気付いてくれると、とても 幸せな気持ちになります。これを、あなたが友達にしてあげるのです。

　性格、行動、成果、趣味、センスなど、褒められて嬉しいポイントは、人それぞれ 違います。それが分かるようになるには、その友達と仲よくなるだけでなく、その人 が大切にしている考え方（価値観）に注目する必要があります。

　このアイテムをマスターする頃には、あなたは「褒め上手」よりワンランク上の 「褒め達人」と、まわりの友達から呼ばれていることでしょう。

ポイント

　はじめのうちはゲーム感覚で取り組ませてもよいでしょう～4人のグループになり、褒めら れる人を決め、一人一つ、その人のよい所を挙げていきます。最後に褒められた人が、どれが 一番嬉しかったかをフィードバックします。その時に、必ず理由を言うようにします。そし て、その理由の中にその人を理解するに重要な鍵が隠れていることを、子供たちには押さえて おきましょう。

注意点

　発達段階によっては、善意であっても指摘されたくないことがあるかもしれません。褒められ る立場の人が、自分の気持ちを気兼ねなく言える雰囲気や環境を、前もって整えておきましょう。

こころチア

こころチア

性能・効果 落ち込んでいたり元気のなかったりする友達を心の中で応援し、いざという時は力になってあげることができる。

読み聞かせのことば（例）

　クラスに元気がない友達や、落ち込んでいる友達がいたら、あなたはどうしますか？声をかけて励ましてもらうと元気になる人もいれば、静かにそっとしておいてほしいと思う人もいます。受け止め方はそれぞれなので、どのように行動すればいいか分からなくなるかもしれません。

　そんな時は、この「こころチア」を使ってみてください。このアイテムを使うと、行動には見えにくくても、相手のことをぶれることなく応援し、心の中で励まし続けることができます。そして、その人が本当に辛そうな時はすぐに行動に移し、心の励ましを身体で表現することができます。

　高学年になると、状況によってはあからさまに行動するのが難しいことがあるかもしれません。でも、あなたの「こころチア」によって、励まされ勇気付けられる人が必ずいます。あなたの「こころチア」を支えにしている人もいます。

　たとえ行動に見えにくくても、気にかけていてくれ、いざという時は力になってくれる頼もしい存在に、まずはあなたがなりましょう。

ポイント

　このアイテムは、「行動にはなかなか移せないけど、心の中では相手を思っている」という高学年にありがちな子供の心情を汲むという目的を含んでいます。行動に移せるに越したことはないですが、行動に移せないことを切り捨ててしまわないためのものでもあります。

注意点

　「思っているだけでは相手に伝わらない」という側面は確かにあります。折を見て、「私はあなたに『こころチア』を使っている」と相手に伝える必要があることは、適宜確認しておきましょう。いざという時に発揮する瞬発力の重要性についても、常に意識させていきます。

ともだちセーバー

ともだちセーバー

性能・効果　けんかをしている友達がいたら、すぐに駆けつけ、仲裁などの対応をすることができる。

読み聞かせのことば（例）

　みなさんは、「ライフセーバー」という言葉を聞いたことがありますか？「ライフセーバー」とは、人命救助員のことで、海水浴場やプールで、水遊びをしている人たちの事故防止や事故が起きた時の救助をする人たちのことです。こういう人たちがいると、安心して海やプールで遊ぶことができますね。

　高学年のみなさんには、誰もが教室で安心して生活できるように、この「ともだちセーバー」の使い手になってほしいです。友達同士のトラブルが起きたら、真っ先に駆けつけ、仲裁したり仲を取りもったりすることができます。また、けんかになりそうな時にも、未然にけんかを防ぐこともできます。

　クラスにトラブルが少ないということは、学習がしやすく、みなさんにとって居心地のよい場所になるということです。

　人任せにしないで、誰もがお互いにとっての「ともだちセーバー」となるよう、一人一人が意識して行動できるようにしましょう。

ポイント

　このアイテムの運用の前に、けんかの防ぎ方や止め方、仲裁の仕方など、教員が手順を具体的に示し、子供たちと共有しておきましょう。前段階アイテム「ともだちボンド」とともに、「実際に行動に移せなかったけど、何とかしたいとは思った」という子供の気持ちを汲み取る「セーバーマインド」というアイテムを設定するのも効果的です。

注意点

　高学年になると、表立って前向きな行動は控えようとする場合があります。「クラスの安心安全は、みんなで守っていく」という意識を子供たちにもたせていくことを、学級経営の基盤に据えつつ、このアイテムの運用を促していきましょう。

はげま震源地

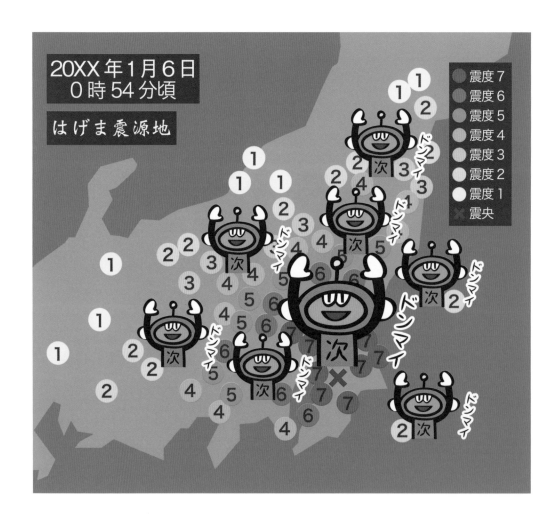

はげま震源地

性能・効果　自分が発信源となって、まわりの友達に励ましを伝えていくことができる。

読み聞かせのことば（例）

　クラスで何かの目標に向かっていく時、順調にいく時もあれば、壁にぶつかってなかなかうまく進まない時もあります。うまくいかない時は、焦ったり不安な気持ちになったりして、クラスの士気も下がってしまいます。

　そんな時でも、クラスのみんなを励まし勇気付けてくれる人がいます。今、あなたはクラスの誰の顔を思い浮かべましたか？みんなのために明るく振る舞い、そして勇気付けてくれるその人は、この「はげま震源地」の使い手です。自分が出発点となって、まわりの友達にポジティブな気持ちを伝え、いつの間にかクラス全体のやる気がみなぎっていきます。そして、クラスは壁を乗り越え、さらに目標に向かって突き進んでいくことができます。

　ポジティブパワーの発信源となる人が、クラスの中に何人もいるクラスは、並大抵の試練に負けない粘り強いクラスに変貌を遂げていることでしょう。

　360°にポジティブを広げていける発信源に、まずはあなたがなっていきましょう。

ポイント

　みんながみんな、強烈な発信源になる必要はなく、発信源からさらに勢いづかせてまわりにつなぐ役割も大切であることを、子供たちには伝えておきます。それぞれに適した役割があり、全体で連携し補い合うことで、クラスの問題解決力を高めていきましょう。

注意点

　高学年になると、前向きな発言や行動がはばかれる雰囲気が出てくることがあります。発信源となる子供が浮かないように、教員はクラス全体の状況を見極め、このアイテムの運用を促すようにしましょう。場合によっては、教員自らの底上げで、子供たちの勢いを盛り上げていきます。

レスキューボタン

レスキューボタン

性能・効果　友達が深刻ないじめにあっていたら、即座にその状況を大人に伝え、その友達を全力で守ることができる。

読み聞かせのことば（例）

　あなたは、クラスの友達の誰かがひどいいじめにあっているのを見た時、どのような行動ができますか？見て見ぬふりをしてしまいますか？それとも、勇気ある行動をとることができますか？

　誰かがひどいいじめにあっているのを見たら、一秒でも速く、この「レスキューボタン」を使ってください。このアイテムを使って、いじめにあっている友達を救い、即座にまわりにその状況を伝えてください。一刻の猶予もありません。あなたが逆の立場だったとしたら、誰でもいいからすぐにでも助けてほしいですよね？だったら、あなたがその人を守るのです。

　いじめの苦しさは、いじめを受けたことのある人にしか分かりません。クラスの誰一人としてそんな辛い思いをしないように、クラス全員でいじめを根絶していきましょう。

　そして、このアイテムを使わずに済むように、安心して学習できるクラスをみんなで築いていきましょう。

ポイント

　このアイテムの運用の前に、日頃から「いじめを許さない」という覚悟を子供たちにもたせていきます。当事者同士で解決に至らない問題がある場合、いじめという手段では本質的な解決はあり得ないことを理解させ、生産的建設的な解決策を教員とともに考え実行させていきます。

注意点

　このアイテムを運用せざるを得ないというのは、状況がかなり深刻であることが考えられます。大前提としては、このような状況に陥る前に、前段階アイテム「いじめジャッジ」「いじめサイレン」の運用に慣れさせておくなど未然防止に努め、いじめの芽が小さいうちに、根こそぎ摘んでいくという意識を子供たちにもたせていきましょう。

ヘルプウェブ

ヘルプウェブ

自分がいじめを受けた時など本当に助けが必要な時のために、備えをしておくことができる。

読み聞かせのことば（例）

　いじめられる苦しさは、受けた人にしか分かりません。いじめている人には想像もできないくらい、本当に辛く苦しいものです。「いつ自分がいじめの対象になってしまうか？」と不安な気持ちになったことのある人は、この中にもいるかもしれません。「いじめはよくない」と誰しも分かっているのに、いじめは起こってしまうと、なかなか解決するのが難しくなってしまいます。だから、いつ起こっても対処できるようにしておきます。

　自分の身を守るために、この「ヘルプウェブ」を使って、いじめにあった時のダメージを最小限に食い止めましょう。このアイテムを使い方は簡単です。まずは、いじめにあった時、助けてくれる人を何人か決めます。そして、「いじめを受けているから助けてほしい」という合図も決めておきます。辛い状況になると、「助けてほしい」というサインすら出せなくなってしまいます。そうなってしまわないためにも、避難訓練のように何度も練習もします。

　「昨日まであんなに仲がよかったのに…」と信頼していた友達が、急にいじめる側に回ってしまうかもしれません。

　いじめのないクラスを全力で作りつつ、もしもの時の対策を、予めしっかり取っておくのは、決して悪いことではありません。

ポイント

　いじめは、未然防止、早期発見、即対応が鉄則です。同時に、セーフティネットを盤石なものにする意味でも、このアイテムを確実に運用させます。困った時に自分は誰に伝え、その伝えた相手には最終的に誰に伝えてほしいか、明確に決めさせてください。同じクラスの友達、違うクラスの友達、学年の違う友達、先生、家族、親戚、近所の人など、様々な関係で救いの糸を張りめぐらせ、いざという時に機能するようにしておきます。

注意点

　担任としては、誰がどのような予防線の張り方をしているか、その道筋はしっかり把握しておきましょう。人間関係は流動的な側面もあることを確認し、定期的にその道筋を更新させていくことも大切です。「備えあれば憂いなし」という構えで、取り組ませていきます。

ともだちファースト

ともだちファースト

性能・効果　自分がやりたいと思っていることがあっても、友達を優先することができる。

読み聞かせのことば（例）

　自分自身がやりたいことを経験して成長することも大切ですが、高学年ともなれば、友達に配慮できることも自立において重要な視点です。「自分がやった方がいいのか？」あるいは「他の人がやった方がうまくいくのか？」状況によっては迷うこともあるかもしれません。

　そんな時は、この「ともだちファースト」を使ってみましょう。このアイテムを使えば、自分がやりたい気持ちがあっても、友達のことを優先してゆずることができます。また、友達のことを優先した結果、自分が敢えて引き受けるということになる時もあります。状況に合わせて、自分のやるべきことを見定めて全うしていくのです。

　「クラス全体、学校全体がうまく動いていくには、自分がいかに行動していくべきか」という視点でものごとを見ることができれば、自分だけでなく、友達のよさも発揮させていくことになります。

　あなたも、この「ともだちファースト」を使いこなして、次世代のリーダーを目指していきましょう！

ポイント

　全体を俯瞰し、クラスやグループを機能させていくために、自分はどのように行動すべきか考え、実行していくことを促すアイテムとして位置付けています。単に、友達にゆずって終わりとならないようにしましょう。

注意点

　はじめから各個人に完成形を求めるのではなく、「ともだちファースト」に必要とされるスキルや構えを細分化・明文化して、場面場面で個々の子供たちの頑張りにフォーカスしていきましょう。友達の頑張りを参考に、子供たちが自発的に、このアイテムの運用を試みる環境を整えていきましょう。

ココロモおじぎ

ココロモおじぎ

性能・効果　感謝の気持ちなど、自分の気持ちを心の底から相手に伝えることができる。

読み聞かせのことば（例）

　みなさんは、誰かに親切にしてあげた時、どんな言葉が返ってきましたか？「ありがとう」「助かったよ」「悪かったね」「感謝してます」など表現の仕方はいろいろでも、相手の気持ちが伝わってくると嬉しい気持ちになりますね。一方で、「ありがとう」と言葉で相手が言ってくれてはいるものの、「なんだかあまり気持ちが伝わってこないな」と感じたことのある人はいませんか？この違いは何でしょうか？

　心で思っている自分の本当の気持ちを伝えられるようになりたい人は、この「ココロモおじぎ」を使ってみてください。このアイテムを使えば、心の中で思っている感謝や謝罪の気持ちを、相手に届く形で伝えることができます。このアイテムが上手に使える人は、「心」の中に伝えたい気持ちがしっかりあり、さらに、相手に伝える言葉に「言い方」「表情」「視線」「態度」など、いろいろなものを加えて表現しています。「言葉（音声）」だけでは、相手には十分伝わらないということです。

　心で本当に思っていないと、そのことは相手にすぐ分かってしまいます。逆に、例え心の中で思っていたとしても、しっかり伝えようとしないと、なかなか相手には伝わりません。

　上手に自分の気持ちを相手に伝え、相手の気持ちをしっかり受け止めることで、いろいろな人との信頼関係をさらに深めていきましょう。

ポイント

　「感謝の気持ち」だけでなく、「謝罪の気持ち」もこのアイテムで伝えられることを確認していきましょう。他にも「やる気」「本気」「熱意」「懇願」など、実態に応じて、子供たちのコミュニケーションに必要なスキルを取り上げていきます。

注意点

　表情や振る舞いで気持ちを表現したり理解したりすることが難しい子供もいます。個々の実態に合わせ、表現や理解のポイントを絞って運用のヒントを示し、子供に能力以上の負荷がかからないように配慮します。

さりげなシンセツ

さりげなシンセツ

性能・効果　自分が好意をもっている相手に対し、さりげなく親切にすることができる。

読み聞かせのことば（例）

　高学年になると、好きな人に対し、自分の気持ちに素直に行動するのはなかなか難しいことかもしれません。そうかと言って、自分の気持ちとは反対の行動をして、相手に冷たくしたり意地悪をしたりしてしまうのは、ちょっと幼くて恥ずかしい行動かもしれません。

　好きな友達から嫌われたくはないけど、自分の気持ちがまわりの人に気付かれたくもない人は、是非、この「さりげなシンセツ」を使ってみましょう。このアイテムを使えば、自分の好きな人に対し、さりげなく親切にすることができます。ここでのポイントは「さりげなく」です。まわりの友達には一切気付かれず、好きな友達だけにその親切を届けるのです。あなたのさりげなさのレベルが上がると、もしかしたら好きな友達にも気付かれないかもしれません。それは高度な「さりげなシンセツ」とも言えるでしょう。

　忘れ物をしていたら貸してあげたり、落ちているものがあったらそっと拾ってあげたりと、親切にはいろいろな形があります。

　ここでは「さりげなくするにはどうしたらいいか」を、じっくりと考えて、行動に移してみてください。

ポイント

　子供たちなりの「さりげなさ」を考えてから、行動のレパートリーを具現化していきます。表情や意図を見えにくくする「さりげなさ」もあれば、普段から誰にでも親切にしておけば特定の人への親切が目立たないという「さりげなさ」もあるという例示をしてもよいでしょう。

注意点

　前段階アイテム「すきだけどリバース」「すなおアクション」の経験を踏まえた上で、このアイテムに取り組ませると運用に無理がありません。見返りを求めない親切や貢献に、子供たちの意識を向けさせていく機会にしてもよいでしょう。

だちだけカイケツ

だちだけカイケツ

性能・効果　友達とトラブルやちょっとした行き違いがあった時、自分たちだけで問題を解決することができる。

読み聞かせのことば（例）

　みなさんは、学校生活の中で友達とトラブルになった時、どのように対処していますか？深刻な問題や重大なできごとであれば、すぐに先生に介入してもらった方がいいですが、ちょっとしたトラブルやもめごとであれば、自分たちで話し合い、解決できるようになりたいものです。

　こういう時こそ、この「だちだけカイケツ」を使っていきましょう。このアイテムを使うには、いくつかステップがあります。①互いに「解決したい」という意思を確認する。②冷静に自分の気持ちを相手に伝える。③自分によくなかった点があれば素直に認め、必要であれば謝る。④同じようなことがまた起きないように、互いに心がけることを確認する。このような手順を踏んで、自分たちだけでトラブルを解決できたら、もう「だちだけカイケツ」が使えたということです。

　状況によって、大人の手を借りた方がいいことはもちろんありますが、自分たちだけで解決できることが増えていくのは、何よりも誇らしいことです。

　将来、未知の問題を解決しなければならない状況になった時のために、今のうちから自分たちの問題解決力を少しずつ高めていきましょう。

ポイント

　子供たちの関係におけるパワーバランスにも配慮し、解決できたことだけに注視せず、本当に当事者一人一人が納得しているかどうかを、事後経過も含めて適宜確認していきましょう。前段階アイテム「せんせいジョイント」「ともだちジョイント」の運用の仕方を事前に子供たちに確認しておくと、このアイテムの運用がスムーズにできます。

注意点

　人間関係の修復に留まらず、学習におけるグループ課題や行事の企画立案など、子供たちの実態に合わせて、このアイテムの運用目的を発展的に意味付けていきましょう。子供たちの負担過重にならないように、課題の難易度や規模に応じて、必要な支援は適切に入れていきます。

こころセンサー

こころセンサー

性能・効果　表面的には見えにくい友達の心の状態を、的確に察することができる。

読み聞かせのことば（例）

　高学年になると、「自分や友達の気持ちも複雑だな」と感じることが多くなるかもしれません。「喜怒哀楽」という表現だけでは足りなく、言葉では言い表しにくい気持ちや曖昧な心の状態など、分かってあげるのも分かってもらうのも難しく感じてしまいます。

　そんな時こそ、この「こころセンサー」を使えるようになってみませんか？このアイテムを使うと、表面的には見えにくい友達の心の状態を、的確に察することができるようになります。このアイテムはそう簡単に使えるようにはなりませんが、大切なのは日頃から友達の様子を観察することです。そして、ちょっとした変化に気付けるようになることです。表情、行動、発言の内容など、普段の状態を基準として、それと今の様子との違いを見つけられるようになると、このアイテムはぐっと使いやすくなります。あとは、友達一人一人の性格などに着目して、感情をそのまま出すタイプか、逆にして出すタイプかを考えて、心の中を察していきましょう。

　友達に、この「こころセンサー」が使えるようになると、自分にもこのアイテムが使えるようになっているかもしれません。

　自分や友達にこのアイテムをうまく使えるようになって、心のストレスを最小限にして、いろいろな人と適切なコミュニケーションがとれるようになりましょう。

ポイント

　このアイテムは、一朝一夕に運用できるようにはなりません。前段階アイテム「えがおカウンター」「マグマレーダー」など、様々な心の状態を一つずつ取り出して、運用の仕方や着眼点を具体的に示した上で、子供たちには、運用の経験を着実に踏ませていきましょう。

注意点

　発達に課題のある子供にとって、「場を読む」「空気を読む」など視覚的に捉えずらいものや複数の要素を一瞬で総合的に判断するものは、そもそも難しい課題になります。対象となる子供の能力以上を求めることにならないように、視覚化、明文化、構造化など、実態に応じた個別の支援で補いましょう。

たんたんトーク

たんたんトーク

性能・効果　不快な気持ちを相手にぶつけてしまいそうな時、余計な感情は抑えて、言うべきことだけを伝えることができる。

読み聞かせのことば（例）

　さっき起きたトラブルのことを考えたり、過去のいざこざを思い出したりすると、その相手に対しイライラした気持ちが蘇り、必要以上に感情をぶつけてしまう時があります。みなさんの中にも、同じような経験をしたことのある人はいると思います。大抵の場合、その相手からも余計な感情が返ってきて、もっと嫌な気持ちになったのではないでしょうか？

　そんな時、高学年のみなさんに、是非使ってほしいアイテムがあります。それは「たんたんトーク」といって、イライラした状態でも、相手に言うべきことだけ冷静に伝えることができるアイテムです。「淡々」を辞書で調べてみると「ものの味わい・感じなどがあっさりと好ましいさま」とあります。余計な感情を入れず、あっさりと淡々と話すのです。

　相手に対する収まらない気持ちはあるかもしれませんが、高学年なら「これ以上、言い争いを続ける方が時間の無駄だ」と考える余裕もほしいです。

　余計な争いを無意味に続けないためにも、このアイテムを使える人をクラスに増やしていきましょう。

ポイント

　このアイテムを運用する前に、劇遊びなどロールプレイを通して、淡々と話す練習をしてみましょう。その様子を子供同士で見合うなどして、自身の様子が客観的にはどのように見えているか、意見交換をするのもよいでしょう。

注意点

　あくまでも不毛な争いを継続させないためのアイテムです。相手を必要以上に煽ることなく、自分自身の感情を上手に抑えていくのが目的です。平時にこのアイテムを運用すると、不毛な争いを生むことにもなりかねないことは事前に確認しておきましょう。

ゆるしの残高

ゆるしの残高

性能・効果　許したくないという気持ちの時に、相手を許すことができる。

読み聞かせのことば（例）

　友達とちょっとしたトラブルになることは誰でもあります。相手に非がある場合、お互いに非がある場合など状況にもよりますが、「どうしても相手を許せない」という気持ちになったことのある人はいますか？状況によっては「まだ許したくない…」と思うのも当然な時もありますが、仲直りができず問題が未解決な状態のままでいることも、それはそれでモヤモヤしてすっきりしません。

　「許す気持ちにはまだなれないけど、すっきりしない状態が続くのもメンタル的にもったいない…」と思えた時は、是非この「ゆるしの残高」を使ってみましょう。このアイテムを使うと、まだ完全に許せる気持ちにはなっていなくても、「まぁ、許してあげてもいいかな」と思えるようになります。使い方は、簡単です。過去に、その相手にしてもらった親切な行動やかけてもらって嬉しかった言葉、一緒にやった楽しかったことなどを思い出します。そして、ポジティブな感情から目の前のネガティブな感情を差し引いて考えます。もし、ポジティブな気持ちが残っていたら、それが「ゆるしの残高」です。

　許せないモヤモヤと未解決なモヤモヤ、どっちかが続くなら、スパッと許してすっきりするのも一つの作戦かもしれません。

　不快な状態でいることを「もったいない」と思えたら、それはこのアイテムの使い時のサインです。

ポイント

　「許す」という行為をスムーズに行うために、思考面で子供自身の感情の整理をするためのアイテムです。前段階アイテム「ごめんねイイヨ」「ゆるさないチョコ」の運用を丁寧に行い、「謝られたら許す」「許す気になる」という具合に、行動面と思考面から子供に自身の感情コントロールへの意識付けをしていきましょう。

注意点

　「許したくない」という気持ちに支配された状態で、このアイテムの運用は非常に難しいです。運用の前に、状況の丁寧な聞き取り、情報の整理、適切な判断や価値付け、さらに当事者である子供の気持ちの汲み取りや共感を丁寧に行います。

グサグサことばブレーキ

グサグサことばブレーキ

性能・効果 イライラして相手を傷付ける言葉を言ってしまいそうな気持ちにブレーキがかかる。

読み聞かせのことば（例）

　みなさんの中に、「一生忘れないくらいの傷付くような言葉」を誰かに言われた経験のある人はいますか？もし、そのような人がいたとしたら、こんなに悲しいことはありませんね。

　言った方は、傷付けたことに気付いていないかもしれませんし、忘れてしまっているかもしれません。

　今、この時間から、そのような悲しい思いをする人がいなくなるように、みなさんには、この「グサグサことばブレーキ」を使えるようになってほしいです。「グサグサことば」とは、相手の心をえぐるような、相手を傷付ける言葉のことです。表面的に分かりやすい暴言や悪口、嫌味だけでなく、相手を攻撃するつもりのない言葉も含みます。つまり、「相手はどのようなことに傷付くのか？」を常に考え、些細な言葉にも配慮することが「グサグサことばブレーキ」を使うということになります。

　言葉の受け止め方はそれぞれに違うので、結果的に「グサグサことばを使ってしまった」ということは避けられないかもしれません。

　それでも「グサグサことばは言わない」という決意で、「グサグサことばブレーキ」を使っていきましょう。

ポイント

　「どのような言葉に他者は傷付くか」ということに思いを巡らせ、他者視点で考えることに重点を置きます。相手との関係性ができてくれば、相手への配慮も無意識にでき、気兼ねなくコミュニケーションを楽しむことができるということを再確認します。

注意点

　「いろいろ考えると、コミュニケーションができない」と子供たちが思い悩み、他者とのかかわりに対して抵抗感を示さないように配慮しましょう。結果的に、相手を傷付ける言葉になってしまったとしても「このアイテムの運用があってのことならやむを得ない」として、子供たちを励ましていきましょう。

集中シェルター

集中シェルター

性能・効果 　まわりの音や人の動きが気にならないくらい、目の前のことに集中・没頭することができる。

読み聞かせのことば（例）

　「気が散る」という言葉は、何度も聞いたことがあると思います。「精神が集中できない状態」のことを意味します。一方で「没頭する」という言葉を聞いたことがありますか？「他のことをかえりみず、一つのことに熱中すること」なのですが、みなさんは、何かに没頭する感覚を経験したことはありますか？

　今回、みなさんに紹介したいアイテムは、「集中シェルター」です。このアイテムを使うと、目の前のことにすぐに集中でき、時間が経つのを忘れてしまうくらい、課題や作業に向き合い、没頭することができます。このアイテムは、誰でも簡単に使えるようなものではありませんが、慣れてくると意外に楽に使えるようになります。

　「集中シェルター」を使いこなせるようになると、短い時間で問題を解くことができたり、クオリティの高い作品を仕上げることができたりします。他の人が思い付かないようなアイデアが浮かんでくるかもしれません。

　まわりの雑音や人の動きが気にならない集中力を手にすれば、みなさんの学力は日に見えて向上し、新たな興味や意欲が湧いてくるでしょう。

※「シェルター」とは、危機的な状況から身を守るための一時的な避難所の意味です。

ポイント

　自己暗示的な側面もありますが、前段階アイテム「みみたブロック」「きにしないシャッター」からの運用をスモールステップで着実に積み上げていけば、子供たちは自信をもってこのアイテムを運用し始めます。まわりの刺激を遮断していくという発想だけでなく、目の前の課題や作業に対し興味をもたせていくことにも注力していきます。

注意点

　支援を要する子供たちの中には、視覚や聴覚の選択的注意力が弱い場合も考えられます。教室前面の掲示物を少なくする、机や椅子の脚にテニスボールをはめる、イヤーマフを常備するなど、教室など環境の刺激の調整をするとともに、個別の実態に物理的な配慮もしていきましょう。

ダシキレヤリキレ

ダシキレヤリキレ

性能・効果 緊張をエネルギーに変えて、練習したことを全て出し切ることができる。

読み聞かせのことば（例）

　運動会、学芸会、音楽会など、高学年のみなさんにとっては、学校の代表としての演技や発表を期待されることが多いと思います。長い時間をかけて練習したことを披露するだけでなく、最高の結果を出すことも期待されるというのは、さらにプレッシャーがかかり、余計に緊張してしまいますね。

　そんな時のために、この「ダシキレヤリキレ」を使えるようになってください。このアイテムを使うと、緊張をエネルギーに変えて、今まで頑張ってきたことを全て出し切り、やり切ることができます。使い方のコツは、「自分の演技に集中する」「自分を信じる」「結果を恐れない」「まわりの目を気にしない」「成功のイメージだけもつ」などです。

　せっかく努力して練習したことが、緊張によって出し切ることができないのは、非常にもったいないです。みなさんは充分に練習を積み重ねてきています。自分たちが頑張ってきたことを信じ、何も恐れず思いっきり表現してきてください。

　成功した後にもらえる盛大な拍手や賞賛の言葉は、最高のご褒美です。みなさんのもてる力を全て出し切り、思う存分やり切ってください。

ポイント

　このアイテムの運用に慣れさせていくには、学年や学級全体など、発表や演技の母体が比較的大きなものから始め、徐々に個々の頑張りにフォーカスしていきましょう。また、「嫌いな物を残さず全て食べきる」「勉強が終わるまでは遊ばない」など、発表を伴わない場面での運用から始めるのもよいでしょう。

注意点

　「失敗したらどうしよう」という気持ちが、緊張を生む要因となることは容易に想像できます。「失敗したって、どうということはない！」という楽観的な気持ち、あるいは、「成功する気しかしない！」という強気な気持ちなど、子供たちが前向きな心持ちになれるように、具体的な言葉で鼓舞していきましょう。

アイドリングモチベーション

準備万端！

アイドリングモチベーション

性能・効果　やるべきことにいつでも取り組めるように、やる気の準備をしておくことができる。

読み聞かせのことば（例）

　休んでいたり別のことをしていたりする状態から、いきなりやるべきことに取り組むのは、やる気が暖まっていないので、誰にとっても難しいことです。準備運動をしないでいきなり試合に出ても身体が暖まっていないので、すぐによいパフォーマスができないのと同じです。

　目の前のことにすぐに取り組み、てきぱきとどんどんこなしていける人になりたい人は、この「アイドリングモチベーション」を使えるようになりましょう。このアイテムを使うと、やる気のエンジンのスイッチを切ってしまわず、頭の中のやる気を暖めておき、いつでもアクセルをふかせる状態にしておくことができます。予め、やるべきこと（宿題やお手伝いなど）を想定しておき、それをやるタイミングまで、読書やパズル、ストレッチ、ゲーム、ピアノなど、自分にあった方法で、やる気を暖めておきます。

　「アイドリングモチベーション」が使えるようになると、時間を有効に使えるようになり、てきぱきと処理できる自分を好きになることもできます。やるべきことが全て終わったら、安心してやる気のエンジンを切り、ゆっくり休憩しましょう。

　このアイテムをマスターして、「気持ちを切らさない状態」を上手に作っていきましょう。

ポイント

　子供たちが理解しやすいように、「ON」と「OFF」の中間の状態をイメージさせます。エンジンで例えれば、エンジンはかかっていても動力は伝わらない「ニュートラル」の状態です。その中間状態を保つための具体策は、子供たちと個別に考えていきましょう。

注意点

　「気持ちを切らさない状態」が長すぎると、子供たちにとっては運用そのものが難しいものになってしまいます。運用に慣れるまでは、気持ちが切れやすい時間帯や曜日など、ある程度ターゲットを絞って、子供が成功体験を得られるように工夫しましょう。

しょうブンセキ

しょうブンセキ

勝ち負けにとらわれず、勝因・敗因を冷静に考えることができる。

読み聞かせのことば（例）

　ゲームや試合において、勝ちたいという気持ちは誰にでもあると思います。勝った方が気分もよいですし、負けると悔しくてモヤモヤした気持ちになりますね。でも、高学年のみなさんには、勝ち負けだけにとらわれず、「何故勝ったのか？」「どうして負けたのか？」など、「戦略」という視点をもってほしいです。

　そこで、みなさんにはこの「しょうブンセキ」を使えるようになってほしいです。このアイテムを使えるようになれば、勝負にこだわらず、勝因・敗因を冷静に考えることができるようになります。そして、それを基に、自分のチームのメンバーの特性を考え、ポジションや役割を決め、勝つための作戦を考えることができます。必要であれば、上達のための練習メニューも工夫することができます。

　このアイテムをマスターすれば、視野が広がり、人の動きや空間、友達の得意不得意など、いろいろなことに注目し、様々な情報を得ることができようになります。

　何も考えずにただ勝って喜んでいるのではなく、「いかに勝ち続けるか」「弱いチームをいかに強くしていくか」ということに楽しみを感じられるようになれれば、あなたはすでに有能なアナライザー（分析する人）です。

ポイント

　このアイテムの運用を促していくには、子供たちがデータを活用できるように、情報を残したり作戦を立てたりする時間を確保していきましょう。ワークシートなどを用意し、自分たちの行動を客観視できるような支援も効果的です。

注意点

　勝ち負けという結果以外にも、作戦、試合運び、ふりかえり、練習メニューなど、子供たちが分析をどのように生かしているかを見取り、即時評価していきます。現状を把握する分析、結果につなげていくための分析など、分析の種類や仕方についても確認しておきましょう。

正直ザムライ

いさぎよ

潔し

正直ザムライ

性能・効果　自分のよくなかった所を潔く認め、反省することができる。

読み聞かせのことば（例）

　学校で生活していると、思わぬことでトラブルになったり、軽い気持ちでふざけてしまったりということはあると思います。当事者として先生に呼ばれ、いきさつや状況を説明する場面で、あなたはどのようにしていますか？　相手に非があることをまずは伝えますか？それとも、自分もよくなかった部分を先に伝えますか？

　高学年のみなさんには、この「正直ザムライ」が使えるようになってほしいです。このアイテムは難易度が高いので簡単には使えるようにならないかもしれませんが、使えるようになれば、一切の言い訳をせず武士の様に潔く自分の非を認め、反省することができます。

　誰しも、自分にとって不利になるようなことを言うのは勇気がいります。でも、このアイテムが使えるようになれば、まわりの人は「この人は正直で、潔い」という目であなたを見るようになります。人としての信頼度も高まるかもしれません。

　トラブルを解決していく上で大切なのは、次に同じ失敗をしないことです。潔く認める所は認め、反省する所は反省し、一回りも二回りも大きな人間になっていきましょう。

ポイント

　このアイテムの運用を促していくには、事前設定が鍵となります。難易度の高いアイテムを「レアアイテム」などと設定し、「使えなくても仕方がない」「普通の人は使えない」という位置付けにしておきます。そして、運用できた場合は確実に即時評価して、正直であろうとしたことを賞賛しましょう。

注意点

　当事者である子供が、結果的に「正直者が馬鹿を見る」という状況にならないように注意しましょう。前段階アイテム同様、あくまでも子供自身の自主的な反省を促すものであるので、無理強いをしたり形式的な謝罪をさせたりすることのないようにしてください。

なんのためさがし

なんのためさがし

性能・効果 何のためにやるのかよく分からないことに対し、その目的や意味を見つけることができる。

読み聞かせのことば（例）

　高学年になると、将来のことを考え、様々な学習や習い事をしている人も多いと思います。「自分がそのことが好きだから」と理由がはっきりしているものはよいですが、そうでないことも多いのではないでしょうか。「英語」「塾」「受験」など、将来の選択肢を広げるためにやっていると思ってはいるものの、「果たして役に立つのかな？」と思う瞬間もあるかもしれません。

　そんな人には、是非、この「なんのためさがし」を使ってほしいです。このアイテムを使うと、「今やっていることは、何のためにやっているのか？」、つまり 行動や学習の目的を考え、自分なりの答えを出すことができます。「目的もなくただ頑張る」「心配だからとりあえずやっておく」のと、「課題や行動の目的や意味を見出して取り組む」のとでは、その取り組み方や成果に大きな差が生まれるのは明らかです。

　大きな目的のためなら多少の困難はあって当然と思え、うまくいかないことがあっても諦めずに粘り強く取り組むことができます。

　目標を達成して終わりではなく、その目的のために前進し続ける人に、みなさんにはなってほしいと思います。

ポイント

　「将来なりたいものに必要な力」「身近な生活で活用できるスキル」「合理的に考えるために必要な考え方」など、必要に応じて、子供が目的や意味を見出すためのヒントになるような視点を具体的に例示します。

注意点

　それぞれの子供がその時点で、その課題に対する意味付けや解釈ができればよいと考えています。大人から見て、その意味付けや解釈が多少ずれていたり的外れであったりしても、子供自身の発想や思いつきを大切にしていきましょう。

怒うかせんのばし
ど

怒（ど）うかせんのばし

自分の怒りを感じてから、爆発するまでの時間を延ばすことができる。

読み聞かせのことば（例）

　怒りのスイッチは、自分でも驚くくらい、瞬間的に入ってしまいます。怒った後、「何故、あんなに怒ってしまったんだろう」「あんなに怒らなくてもよかったかな」とふりかえり、後悔したことのある人もいるかもしれません。もちろん、怒るべき所で怒るのは当然ですが、もう少し自分の怒りをコントロールしたいと思っている人はいますか？

　そんな人には、是非、この「怒うかせんのばし」を使ってほしいと思います。このアイテムを使えば、怒りの感情に着火してから、爆発するまでの時間を自分で延ばすことができます。花火の導火線をイメージしてください。導火線に着火してから、花火が打ち上がるまでに、少し時間がありますね。あの導火線が、もしもっと長ければ、花火に点火するまでの時間も長くなります。

　このアイテムを使えるようになるには、いくつか自分で気を付けておくことがあります。「自分が怒り始めたことに気付く」「怒りに気付いたら、深呼吸する」「怒りに気付いたら、6秒数える」「爆発までに時間を稼ぐことができたら、その点について後で自分を褒める」「怒るまでの時間を延長している間に、怒りを抑えることができたら、さらに自分を褒める」などです。

　自分の怒りをコントロールするのは、大人でも難しいことです。大人になるまでに、できる所から自分の怒りの感情と向き合っていきましょう。

ポイント

　アンガーマネジメントの要素を取り入れながら、個別の実態にあったアプローチやステップを子供と一緒に考えていくようにしましょう。怒りを誘発する事象や前後関係、子供が自覚できる怒りの予兆、怒りの収束への道筋など、周辺情報を明らかにすると、支援の効果は出やすくなります。

注意点

　支援の目的は、子供の自己肯定感を高めることにあります。無理な目標設定は極力避けて、子供本人の頑張りと支援の効果が及ぶ範囲を考慮して、目標と評価規準の設定の適正化を図ります。くれぐれも失敗経験が積み上がらないように配慮してください。

イライラエコロジー

イライラエコロジー

性能・効果 イライラした気持ちを他の役立つことで発散させ、自分の気持ちを鎮めることができる。

読み聞かせのことば（例）

　イライラした気持ちを鎮めるために、物に当たったり壊したりして、その気持ちを発散させたことはありますか？これはあまりよくないことですが、心当たりのある人はきっと少なくないと思います。怒りに支配されている時は、自分でも驚くくらいの大きな力が出ますね。

　そんな自覚のある人は、是非この「イライラエコロジー」を使ってみてください。このアイテムを使えば、イライラした時に出るあの大きな力を、自分もしくは他の人の役立つことに使うことができます。むしゃくしゃしている気持ちを上手に利用して、ペットボトルや空き缶をつぶしたり、大きな声で遠くの友達を呼んだり、重い荷物を運んであげたりして、気持ちを発散させます。使い方のコツは、イライラしたら何をどのようにするのかを、前もって考えておくことです。その場で考えても、その力をうまく再利用するのは難しいです。

　無駄に何かを破壊し、後で自己嫌悪になるくらいなら、怒りのパワーを誰かのために使って、怒りが収まった後には気分がすっきりしている方がよいと思いませんか？

ポイント

　このアイテムを上手に運用するには、事前の想定が極めて重要です。イライラしそうな場面や場所を具体的に挙げ、どのような対処をしていくか、対象となる子供と一緒に考えます。学校や家庭など、環境や場面に応じた対処法を複数用意しておきましょう。

注意点

　そもそもこのアイテムの運用を成功体験で終わらせるのは、なかなか難しい部分があります。子供が自らの対処法を考える上で、きっかけの一つになればと思っています。いつでもどこでも実行できるものとしては、腕立て伏せやスクワットなど、自分自身のトレーニングに還元していく方法もあります。

ものごとリフレーム

ものごとリフレーム

性能・効果　自分にとってよくない状況と思われることも、捉え方を変えて、前向きに受け止めることができる。

読み聞かせのことば（例）

　仲のよかった友達が突然、転校することになったり、自分にはできないような大役を任されたり、習い事などずっと頑張ってきたことがうまくいかなかったりと、悲しいことや不安なこと、残念なことは、誰にでも突然起きるものです。自分ですぐに気持ちを切り替えられることならまだいいですが、そうもいかないという経験をしたことがある人も、この中にいるかもしれません。

　そういう時は、この「ものごとリフレーム」を使って、ものごとの捉え方を変えてみましょう。このアイテムを使えば、新たな視点からその状況を見つめ直すことができます。例えば、「仲のよい友達が転校してしまったこと」を「新しい友達を作る時期がきた」と捉えたり、「自分にはできそうもない役を任された」を「うまくできるか分からないけど、今までの弱い自分を克服するチャンスがきた」と捉えたりします。

　よくない状況に思えることも、他の視点から見ると違った捉え方をすることができます。人生、楽しいこともあれば苦しいこともあります。

　苦しいことも成長の糧にして、たくましく前進していきましょう。

ポイント

　子供が「リフレーミング」をイメージしやすいように、身近な例を出しながら、教員が具体例を示していきます。子供視点でのリフレーミングができるようになってきたら、学級活動や帰りの会などで共有し、捉え方のレパートリーを増やしていきましょう。

注意点

　一般に「リフレーミング」とは、ものごとを見る枠組み（フレーム）を変えて、違う視点で捉え、前向きな解釈ができるようになることを意味します。「リフレーミング」の考え方を、子供たちに分かりやすく伝える機会として位置付けています。

うちあけトライ

うちあけトライ

性能・効果 困った状況になった時、勇気を出して悩みを打ち明けることができる。

読み聞かせのことば（例）

　高学年になると、以前より悩みや困っていることをまわりの人に打ち明けにくくなったという人はいますか？「今更こんなこと聞けない」「恥ずかしい」「打ち明けても、助けてくれないかもしれない」など、理由はいろいろあると思います。でも、自分で何とかしないといけないと思うと、一人寂しくなって気持ちも重くなりますね。

　まわりの人に助けを求めにくいという気持ちは、本当によく分かりますが、そういう時こそ、この「うちあけトライ」を使ってみてください。自分の助けてほしい気持ちを受け止めてくれそうな人を慎重に選んで、勇気をもって打ち明けてみましょう。あなたと同じような気持ちの人は必ずいると思います。そして、きっとあなたの力になってくれるでしょう。

　小さな勇気をふり絞り、心の重りを取り外します。そして、他の人の力を借りながら、困っていることに向き合っていきましょう。あなたの勇気が、「困った時は、助け合い」というクラスの雰囲気を確かなものにしていきます。

　このアイテムを使って、お互いが支え合える居心地のよいクラスにしていきましょう。

ポイント

　「簡単に打ち明けられれば苦労しないよ」という子供の気持ちも受け止め、即座に変化や結果を求めないようにします。「この人がだめでも、あの人がいる」と子供が思えるように、可能であれば学校、家庭、習い事など複数の場で、複数の人との関係作りを促しましょう。

注意点

　「困った時だけ打ち明ける」ことになると、ハードルが余計に高くなります。日頃の子供同士のコミュニケーションを促し、何気ないことを伝え合える関係作りを大切にしていきます。子供同士の関係作りが難しい場合は、複数の大人でしっかりその役を担いましょう。

グサグサエアバッグ

グサグサエアバッグ

性能・効果 　誰かに嫌なことをされても傷付かず、ダメージを最小限に抑えることができる。

読み聞かせのことば（例）

　人が嫌がる言葉や傷付ける言葉を言うことは、決して許されることではありません。友達、先生、家族と一緒になって、一刻も早くそうした状況を改善していきましょう。でも、そうは言っても、先生や守ってくれる友達がいない所で、嫌なことを言ってくる人がいるかもしれません。

　そのような状況で困っている人がいたら、一時的にこの「グサグサエアバッグ」を使ってみてください。このアイテムを使えば、たとえ嫌なことを言われても一時的に心が傷付くことなく、ダメージを最小限に食い止めることができます。「いろいろ言ってくるけど、私は気にしない」「私は悪くない」「私には仲間がいる」と自分に言い聞かせて、自分の心をしっかり守っていきましょう。

　事態が改善していくには時間がかかることもあります。相手が悪いのに、その途中で自分が嫌な気持ちになってモヤモヤするのは、とても損な気がしますね。

　問題解決をしていくことと並行して、解決までの緊急アイテムとして使い、自分の心を最優先に守っていきましょう。

ポイント

　緊急時になって初めてこのアイテムを運用するのはかなり難しいです。「チクチクエアバッグ」「嫌味エアバッグ」などのようにアレンジして、あまり深刻ではない日常場面での運用から始め、少しずつ子供に耐性を付けていくという方法もあります。

注意点

　問題の本質を解決することが大前提として、緊急避難のツールの一つとして子供に紹介します。このアイテムの後ろ盾となる友達や先生、家族の存在やそのつながりを、子供本人と今一度確認しましょう。

メデメ変換

メデメ変換

性能・効果 自分の長所と短所の捉え方を深め、自分のことをより深く捉えることができる。

読み聞かせのことば（例）

　誰にでも長所と短所があります。英語で長所のことを"メリット"、短所のことを"デメリット"と言います。自分の長所と短所が分かっている人は、短所はよくない部分で克服しないといけないと考えている人も多いかもしれません。

　そう思っている人は、この「メデメ変換」を使ってみてください。このアイテムを使えば、自分の長所と短所を見つめ直し、さらに自分を前向きに捉えることができます。例えば、「落ち着きがない」ことは「活動的」、「飽きっぽい」は「新しいもの好き」と言い換えることができます。逆に、長所と思われていたことも、「粘り強い」は「しつこい」、「自分の考えがある」は「融通が利かない」とも言い換えられるかもしれません。

　自分の短所と思っていた部分が長所に思えたり、逆に長所と思っていた部分は短所にもなり得ると理解できると、考え方も少し変わってきますね。

　この機会に自分自身を見つめ直し、自分のよい所もよくない所も受け止め、さらに成長していってください。

ポイント

　このアイテムの目的は、自己理解の促進と自己肯定感を高めていくことです。ワークシートなどを活用して、自分自身の長所短所を丁寧に洗い出させていきます。変換の要領がつかめない場合は、教員が変換の具体例を示していきましょう。

注意点

　ステップとしては、まず短所を長所に変換することから始めましょう。子供の自己肯定感の高まりを感じ、子供自身も楽しめそうであれば、長所を短所に変換する活動に取り組んでみましょう。

アイテムメーカー

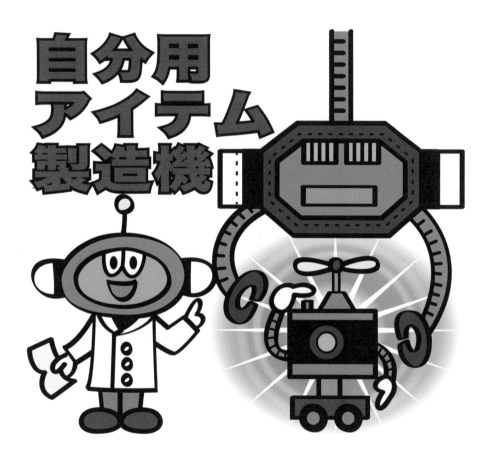

自分用
アイテム
製造機

アイテムメーカー

性能・効果　今まで学んだアイテムを参考にして、必要なアイテムを自分で作ることができる。

読み聞かせのことば（例）

　みなさんは今まで、たくさんのアイテムを学んできました。そして、これから次のステップへ進んでいくことになります。でも、この先、一人で解決するのが難しいことや解決に多くの時間が必要なことが出てくるかもしれません。そんな時でも、簡単に諦めず粘り強く課題に向き合ってほしいと思います。

　これからたくましく成長していくみなさんに、是非極めてほしいアイテムは、この「アイテムメーカー」です。このアイテムは、これまでの知識と経験を生かして、自分オリジナルのアイテムを作ることができるという究極のアイテムです。

　必要な時に、必要なアイテムを創造することができれば、チャンスやピンチのどちらにも対応することができます。これまでのアイテム（SSP）の学習は、このアイテムが使えるようになるための助走と言っても過言ではありません。

　課題を乗り越え自らを成長させていくための方法を、自分の手で創り出していってください。

ポイント

　ステップとしては、①自分にとってアイテムが必要な場面を想定する。②その場面に対処するための方法をいくつか考える。③自分に最適な方法を一つ決める。④自分にしっくりくるアイテム名を決める。このような段階を踏んで子供たちにチャレンジさせてみましょう。

注意点

　SSP の最終目標は、このアイテムを習得することにあります。105 個のアイテムの運用を通し、子供たち一人一人に自分に適した問題解決の方法を創造できるように支援していきます。子供自身の必要感を大切にしていきましょう。

■監修

小貫 悟

明星大学教授。1991年、早稲田大学人間科学部人間基礎科学科卒業。1999年、東京学芸大学大学院連合学校教育学研究科修了。博士（教育学）、臨床心理士。著書に、「授業のユニバーサルデザイン入門」「クラスで行う「ユニバーサル・アクティビティ」」（東洋館出版社）など多数。

■著者

イトケン太ロウ（伊藤健太郎）

中野区立令和小学校主任教諭。中央大学法学部法律学科卒業。東京都教育委員会開発研究員・教育研究員、治療教育士、日本LD学会員、特別支援教育士。著書に、「子どもの心が軽くなる！ソーシャルスキルモンスター」「子どもが思わず動きだす！ソーシャルスキルモンスター」「子ども・クラスが変わる！ソーシャルスキルポスター」「クラスで行う「ユニバーサル・アクティビティ」」（東洋館出版社）。異業種間交流を軸に自らの使命を追究する自己啓発サークル「I.D.HYBRID BRAINS」を主宰。「I.D.HYBRID BRAINS」HP http://www.idhybridbrains.com。

■Special Thanks

北原翔（葛飾区立新宿小学校）　古矢岳史（八丈町立三根小学校）　東正直（中野区立江古田小学校）
梶原郷（武蔵村山市立大南学園第七小学校）　武井茂樹（調布市立第一小学校）
菊池あずさ（杉並区立新泉和泉小学校）　仙澤龍祐（小金井市立小金井第一中学校）
太田千瑞（スクールカウンセラー）　野崎善継（中野区立令和小学校）
中村思織（東京都立清瀬特別支援学校）　太田香子（キッズヨガインストラクター）

参考文献
・小貫悟 イトケン太ロウ『子どもの心が軽くなる！ソーシャルスキルモンスター』東洋館出版社、2022
・小貫悟 イトケン太ロウ『子どもが思わず動きだす！ソーシャルスキルモンスター』東洋館出版社、2021
・小貫悟 イトケン太ロウ『子ども・クラスが変わる！ソーシャルスキルポスター』東洋館出版社、2019
・小貫悟 他『クラスで行うユニバーサルアクティビティ』東洋館出版社、2015
・森俊夫『"問題行動の意味"にこだわるより"解決志向"で行こう』ほんの森出版、2001
・森俊夫『ブリーフセラピーの極意』ほんの森出版、2015
・中島輝『自己肯定感の教科書』SBクリエイティブ株式会社、2019
・根本裕幸『敏感すぎるあなたが7日間で自己肯定感をあげる方法』あさ出版、2017
・キラ・ウィリー『子どものためのマインドフルネス』創元社、2018
・久世浩司『「レジリエンス」の鍛え方』実業之日本社、2014

子ども・クラスが変わる！
ソーシャルスキルポスター　アドバンス

2023年（令和5年）3月20日　初版第一刷発行

著　者　イトケン太ロウ
発行者　錦織 圭之介
行　所：株式会社 東洋館出版社
　　　　〒101-0054　東京都千代田区神田錦町2丁目9-1
　　　　　　　　　　　コンフォール安田ビル2F
　　　　代　表　電話 03-6778-4343　FAX 03-5281-8091
　　　　営業部　電話 03-6778-7278　FAX 03-5281-8092
　　　　Ｕ Ｒ Ｌ　https://www.toyokan.co.jp

装　　丁：宮澤 新一（藤原印刷株式会社）
印刷・製本：藤原印刷株式会社

ISBN：978-4-491-05073-7